Guttentag'sche Sammlung Deutscher Reichsgesetze.

Text-Ausgaben mit Anmerkungen.

14a. **Gerichtsverfassungsgesetz** mit Einführungsgesetz und Nebengesetzen. Fassung von 1898. Unter Mitwirkung von **L. Busch**, Kammergerichtsrath herausgeg. von **R. Sydow**, Direktor im Reichs-Postamt. In Vorbereitung.

15. **Gerichtskostengesetz und Gebührenordnungen für Gerichtsvollzieher, für Zeugen und Sachverständige.** Mit Kostentabellen. Von **R. Sydow**. Fünfte Auflage. 80 Pf.

16. **Rechtsanwaltsordnung** für das Deutsche Reich. Von **R. Sydow**. Dritte Auflage. 60 Pf.

17. **Gebührenordnung für Rechtsanwälte.** Von **R. Sydow**. Fünfte Auflage. 60 Pf.

18. **Reichsstempelgesetz (Börsensteuergesetz)** mit allen Ausführungsvorschriften, vielen Tabellen, den Entscheidungen der Verwaltungsbehörden und des Reichsgerichts. Von **Gaupp**, Geh. Regierungsrath. Siebente vollständig umgearbeitete Auflage von **P. Loeck**, Regierungs-Assessor. 3 M. 30 Pf.

Guttentag'sche Sammlung Deutscher Reichsgesetze.
Text-Ausgaben mit Anmerkungen.

23. **Unfallversicherungsgesetz** und Gesetz über die Ausdehnung der Unfall- und Krankenversicherung. Von Dr. **E. von Woedtke**, Direktor im Reichsamt des Innern. Fünfte Auflage. 2 M.

24. Reichsgesetz, betr. die **Kommanditgesellschaften auf Aktien und die Aktiengesellschaften.** Von **H. Keyssner**, Kammergerichtsrath und Dr. **H. Veit Simon**, Rechtsanwalt. Vierte Auflage. 1 M.

25. Reichsgesetz wegen **Erhebung der Brausteuer** vom 31. Mai 1872 mit Ausführungsvorschriften. Von **E. Bertho**, Regierungsrath. 1 M. 60 Pf.

26. Die Reichsgesetzgebung über **Münz- und Notenbankwesen**, Papiergeld, Prämienpapiere und Reichsanleihen. Von Dr. jur. **R. Koch**, Präsident des Reichsbankdirektoriums. Dritte Auflage. 2 M. 80 Pf.

27. Reichsgesetzgebung, betr. das **Gesundheitswesen** für Behörden, Aerzte, Apotheker und Gewerbetreibende. Von Dr. jur. **C. Goesch** und Dr. med. **J. Karsten**. 1 Mark 60 Pf.

Zu beziehen durch jede Buchhandlung.
Verlag von **J. Guttentag** in Berlin SW.48.

Guttentag'sche Sammlung Deutscher Reichsgesetze.
Text-Ausgaben mit Anmerkungen.

45. **Das Handwerkergesetz** vom 26. Juli 1897. Mit Einleitung und ausführlichen Erläuterungen unter besonderer Berücksichtigung der Ausführungsanweisung der größeren Bundesstaaten von Dr. jur. **L. Wilhelmi,** Kais. Geh. Ober-Regierungsrath und vortragender Rath im Reichsamt des Innern. In Vorbereitung.

46. Das Reichsgesetz über die **Angelegenheiten der freiwilligen Gerichtsbarkeit.** Mit Einleitung und Erläuterungen von **Herm. Jastrow,** Amtsgerichtsrath. Preis 1 M. 80 Pf.

47. Das **deutsche Vormundschaftsrecht** und das preuß. Gesetz, betr. die Unterbringung verwahrloster Kinder vom 13. März 1878. Mit Einleitung und Erläuterungen von **Max Schultzenstein,** Oberverwaltungsgerichtsrath und Amtsgerichtsrath Dr. **Köhne.** Preis 2 M. 80 Pf.

Guttentag'sche Sammlung Preußischer Gesetze.

Text-Ausgaben mit Anmerkungen.

6. Die Preußischen **Ausführungsgesetze und Verordnungen zu den Reichs-Justizgesetzen.** Von **R. Sydow.** Dritte vermehrte Auflage. 2 M. 40 Pf.

7. **Allg. Gerichtsordnung** vom 6. Juli 1793 und Preuß. **Konkursordnung** vom 8. Mai 1855. Von **F. Vierhaus,** Geh. Ober-Justizrath. 2 M. 50 Pf. Vergriffen.

8. **Vormundschaftsordnung** vom 5. Juli 1875, nebst allen Nebengesetzen und den dazu erlassenen Allgemeinen Verfügungen. Von **Max Schultzenstein,** Oberverwaltungsgerichtsrath. Dritte Auflage. 1 M 50 Pf.

9. Die Preußische **Grundbuchgesetzgebung.** Mit Einleitung, Formularen, Kosten- und Stempeltabellen. Von Prof. Dr. **O. Fischer.** Dritte vermehrte Auflage. 1 M. 20 Pf.

10. **Einkommensteuergesetz.** Vom 24. Juni 1891. Von Geheimrath **Meitzen.** Dritte vermehrte Auflage von **A. Fernow,** Ober-Regierungsrath. 1 M.

11. **Gewerbesteuergesetz.** Vom 24. Juni 1891. Von **A. Fernow,** Ober-Regierungsrath. Zweite vermehrte Auflage. 90 Pf.

Zu beziehen durch jede Buchhandlung.

Verlag von **J. Guttentag** in Berlin SW.48.

Guttentag'sche Sammlung
Nr. 34. Deutscher Reichsgesetze. Nr. 34.
Text-Ausgaben mit Anmerkungen.

Das Reichsgesetz,

betreffend die

Abzahlungsgeschäfte.

Vom 16. Mai 1894.

Mit Einleitung, Anmerkungen und Sachregister.

Von

J. Hoffmann,

Kaiserlichem Geheimen Regierungsrath,
ständigem Mitglied des Reichs-Versicherungsamts.

Berlin SW 48.
Wilhelmstraße 119/120.
J. Guttentag, Verlagsbuchhandlung.
1894.

Inhaltsverzeichniß.

Einleitung.

Das Wort „Abzahlungsgeschäft" kann in zwiefacher Bedeutung gebraucht werden, wie das im Deutschen mit dem Wort „Geschäft" ja auch der Fall ist. Man spricht von den einzelnen Geschäften (Verträgen), die ein Kaufmann abschließt, und man nennt auch den gesammten Betrieb eines Kaufmannes sein Geschäft. Das Gesetz vom 16. Mai 1894, betreffend die Abzahlungsgeschäfte (R.G.Bl. Nr. 23, S. 450 – 451) versteht überall unter dem Abzahlungsgeschäft einen Vertrag mit gewissen juristischen Merkmalen. Neben dieser vom Gesetzgeber sanktionirten Bedeutung des Worts geht aber noch eine andere Bedeutung desselben einher. So definirt z. B. Dr. V. Mataja im Handwörterbuch der Staatswissenschaften von Conrad und Lexis, B. I, S. 14 Abzahlungsgeschäfte folgendermaßen: „Abzahlungsgeschäfte (Waarenabzahlungs-, Theilzah-

lungs-, Ratengeschäfte) sind Handelsbetriebe, bei welchen Waaren gegen allmähliche (wöchentliche, monatliche) Entrichtung des Kaufpreises in Raten — und dies regelmäßig, nicht blos in Ausnahmefällen — abgegeben werden."

Diese zweite Bedeutung des Wortes ist neueren Datums; denn erst in den letztverflossenen Jahrzehnten sind in Deutschland Handelsbetriebe entstanden, welche es sich zur besonderen Aufgabe stellten, ihre Waaren vermittelst Abschlusses von Abzahlungsgeschäften abzusetzen, und daher sich als „Abzahlungsgeschäfte", „Abzahlungsbazare", „Waarenabzahlungsgeschäfte", „Waarenkredithäuser" theils in ihren Annoncen, theils auch schon in ihrer Firma bezeichneten. Diese „Waarenkredithäuser" oder „Abzahlungsbazare" sind es ohne Zweifel gewesen, welche in jüngster Zeit die Aufmerksamkeit weiterer Kreise auf die eigenthümlichen Vertragsformen und Vertragsklauseln lenkten, die beim Abschluß von Abzahlungsgeschäften üblich geworden waren, und manche Beschwerden und Reformvorschläge, welche in der gegen die Abzahlungsgeschäfte gerichteten, seit der Mitte der achtziger Jahre ziemlich lebhaft betriebenen Agitation laut geworden sind, bezogen sich im Sinne der Agitatoren vielleicht lediglich auf die

Waarenkredithäuser, während sie von anderer Seite so aufgefaßt wurden, als bezögen sie sich auf die Abzahlungsgeschäfte in dem Sinne, in welchem das Gesetz vom 16. März 1894 von ihnen handelt. Wenn z. B. gefordert wurde, die Abzahlungsgeschäfte sollten einer besonderen Steuer unterworfen werden, so war es allerdings nicht leicht zu entscheiden, ob die Forderung auf die Besteuerung der Waarenkredithäuser oder auf die Besteuerung aller Verträge hinzielte, welche als Abzahlungsgeschäfte angesehen werden konnten, mochten sie abgeschlossen sein, von wem sie wollten. Wurde freilich gefordert, die Abzahlungsgeschäfte sollten unter strenge polizeiliche Kontrole gestellt werden, so konnten damit vernünftigerweise nur die Waarenkredithäuser gemeint sein, deren in die Augen fallende Thätigkeit eben die Aufmerksamkeit auf die Formen und Klauseln der Verträge gelenkt hatte, die von ihnen — aber keineswegs von ihnen allein, und auch von ihnen nicht ausschließlich — abgeschlossen wurden.

Beim Abschluß von Abzahlungskäufen war es nämlich Regel geworden, daß zwischen den Parteien verabredet wurde, es solle, sobald der Käufer seinen Vertragsverpflichtungen nicht nachkäme, z. B. mit einer Ratenzahlung im Rückstand bliebe, dem Verkäufer das Recht zustehen, nicht blos die Waare, welche dem Käufer mit der ersten Theilzahlung (Anzahlung) übergeben wurde, wieder an sich zu nehmen, sondern auch den vom Käufer bereits gezahlten Theil des Kaufpreises für sich zu behalten. Es wurde also neben der sogenannten kassatorischen Klausel (lex commissoria) oder auch neben dem Vorbehalt des Eigenthums (pactum reservati dominii) — beide Nebenabreden sicherten dem Verkäufer das Recht, die gekaufte Sache wieder an sich nehmen zu können, sobald der Käufer seine Verpflichtungen nicht erfüllte — regelmäßig die sogenannte Verwirkungsklausel, der zu Folge die vom Käufer geleisteten Zahlungen zu Gunsten des Verkäufers verfielen, in den Kaufvertrag aufgenommen.*) Dies war so sehr zur Regel geworden, daß man einen Abzahlungskauf ohne jene Nebenabreden, und insbesondere ohne Verwirkungsklausel kaum als ein Abzahlungsgeschäft gelten lassen wollte. „Die Eigenthümlichkeit der Abzahlungsgeschäfte," so wurde gesagt, „besteht in der Vereinbarung, daß der bedungene Kaufpreis in einzelnen, zu bestimmt verabredeten Zeiten fälligen Theilzahlungen zu erlegen ist, bis zur Tilgung der

*) Vgl. die im Anhang II abgedruckten Formulare.

ganzen Schuld das Eigenthum der verkauften Sache dem Verkäufer verbleibt und bei Nichteinhaltung auch nur einer Ratenzahlung das bereits Geleistete zu Gunsten des Verkäufers verfällt." (Verordnung des Königlich Sächsischen Ministeriums des Innern vom 28. September 1887.) Wurde das Abzahlungsgeschäft nicht in der Form eines Kaufvertrages, sondern in der Form des sogenannten Möbelleihvertrages geschlossen, nämlich in der Form eines Miethsvertrages, bei dem verabredet wurde, die vermietheten Sachen sollten in das Eigenthum des Miethers übergehen, sobald die successive geleisteten Miethszahlungen zusammengerechnet eine bestimmte Summe ausmachten, so fehlte freilich die Verwirkungsklausel im Vertrage; es verstand sich aber, die Gültigkeit des sogenannten Möbelleihvertrages als Miethsvertrag einmal vorausgesetzt, von selbst, daß der Vermiether, der den Miethsvertrag auflöste, weil der Miether mit der Miethszahlung im Rückstand blieb, die bis zur Auflösung des Vertrags gezahlten Miethsraten behalten durfte. Die Rechtsgültigkeit der den Abzahlungskäufen stets beigefügten Verwirkungsklausel konnte aber umsoweniger mit Erfolg angezweifelt werden, als bekanntlich sehr viele der berühmtesten Lehrer des römischen Rechts auf Grund der L. 5 u. 6 pr, D. de lege commissoria XVIII, 3 beim Rücktritt des Verkäufers von einem mit der kassatorischen Klausel geschlossenen Kaufvertrage, die Verwirkung der vom Käufer geleisteten Theilzahlungen auch ohne dahinzielende ausdrückliche Verabredung der Parteien angenommen haben, sofern der Rücktritt erfolgt, weil der Käufer die ihm obliegenden Zahlungen nicht rechtzeitig und vollständig leiste (quia nihil penes eum residere oporteret ex re, in qua fidem fefellisset).

Daß jedoch das natürliche Billigkeitsgefühl sich verletzt fühlte, wenn bei Auflösung eines mit der Verwirkungsklausel geschlossenen Kaufs auf Abzahlung oder bei der Auflösung eines Möbelleihvertrages der eine Theil die Waare sammt den in der Hoffnung auf den Erwerb der Waare geleisteten Zahlungen verlor, kann umsoweniger Wunder nehmen, wenn man die wirthschaftliche Lage erwägt, in der sich gemeinhin diejenigen zu befinden pflegen welche auf den Erwerb von Waaren gegen Abzahlung angewiesen sind. — Der besser situirte Theil des Publikums sucht nicht die Waarenkredithäuser auf, da er die Vortheile des Baarkaufs zu schätzen weiß und im Stande ist, diese Vortheile für sich auszunutzen. Die Unbemittelten sind es, welche sich zum Kauf nothwendiger Gegenstände gegen Abzahlung verstehen müssen, und Unbemittelte können sehr leicht ohne eigene Schuld in Lagen kommen, wo sie selbst beim besten Willen nicht im Stande sind, ihre Verpflichtungen zu erfüllen. Wenn eine arme Näherin in die Lage kam, die auf Abzahlung gekaufte Nähmaschine, vielleicht das einzige Mittel zu ihrem weiteren, ehrlichen Fortkommen, herausgeben zu müssen, weil sie zur Zahlung einer Rate an dem dazu bestimmten Termin in Folge von Krankheit oder in Folge sonstiger unverschuldeter Noth unfähig war, und nun das in der Hoffnung auf den Erwerb der Maschine bezahlte Geld umsonst ausgegeben hatte; — wenn solche und ähnliche Fälle nicht vereinzelt dastanden; — wenn ferner nicht geleugnet werden konnte, daß die Gepflogenheit vieler Abzahlungshändler, eine größere Anzahl von Waaren in einem Vertrage zu verkaufen, sich aber das Eigenthum an sämmtlichen verkauften Waaren bis zur Zahlung der letzten Rate des Gesammtkaufpreises zu bedingen, oft dahin führte, daß der Käufer Waaren wieder herausgeben mußte, die er in Wahrheit längst bezahlt hatte; wenn endlich behauptet werden konnte,*) daß einzelne Waarenkredithäuser den Anzahlungspreis so hoch stellten, daß schon durch die Anzahlung der Selbstkostenpreis der Waare gedeckt war, und alle späteren Zahlungen für sie einen reinen Profit darstellten, so mußten solche Vorkommnisse den Wunsch nach gesetzgeberischem Einschreiten zu Gunsten der Abzahlungskäufer hervorrufen. Daß dieser Wunsch aber ganz besonders in den Kreisen der soliden kaufmännischen Welt lebendig ward, wird leicht begreiflich, wenn man erwägt, daß die immer lauter werdenden Klagen über die sich mehr und mehr, namentlich in den größeren Städten verbreitenden Abzahlungsbazare den guten Ruf und das Ansehen des deutschen Kaufmannstandes überhaupt zu beeinträchtigen drohten, und wenn man ferner in Betracht zieht, daß den Bestrebungen, welche in unseren kaufmännischen Kreisen auf möglichste Beschränkung des Kreditgebens schon seit längerer Zeit lebendig waren, von den Ab-

*) Jahresbericht der Handelskammer zu Mannheim 1887, S. 122, in dem eine bezügliche Behauptung der Zeitschrift „Der Confectionär“ mitgetheilt wird.

zahlungsbazaren geradezu entgegengearbeitet wurde. Endlich aber sahen viele kleinere Geschäftsleute in den Abzahlungsbazaren, wo die verschiedenartigsten Gegenstände, Möbel, Kleider, Stiefel, Betten, Schirme, Manufakturwaaren, Haushaltungs-Gegenstände, Werkzeuge, kurzum alle möglichen Waaren zum Kauf angeboten wurden, eine ihre Kundschaft vermindernde Konkurrenz. So kam es, daß gerade aus kaufmännischen Kreisen heraus der erste wirksame Anstoß zu der Agitation kam, die zu dem Erlaß des Gesetzes vom 16. Mai 1894 führen sollte.

Der Verein gegen Unwesen im Handel und Gewerbe zu Köln a./Rh. richtete im Jahre 1886 an die dortige Handelskammer das Ersuchen, seine gegen die Abzahlungsgeschäfte gerichteten Bestrebungen, insbesondere eine hierauf bezügliche Petition zu unterstützen, mit der er sich an den Reichstag wenden wollte. In der Petition, die am 30. November 1886 abging, beantragte der Verein, daß die in Waarenabzahlungsgeschäften geschlossenen Verträge für ungültig erklärt werden möchten. Die Kölner Handelskammer kam den Wünschen des Vereins weit entgegen; sie brachte die Frage der Abzahlungsgeschäfte nicht blos bei den anderen deutschen Handelskammern in Anregung, sondern sie wurde auch bei dem Kgl. preuß. Ministerium für Handel und Gewerbe hierüber vorstellig. Die Jahresberichte der deutschen Handelskammern haben sich denn auch vom Jahre 1886 an, theils der Anregung der Kölner Handelskammer Folge gebend, theils in Folge späterer behördlicher Anfragen, mehrfach in eingehendster Weise über die Abzahlungsgeschäfte ausgesprochen. Jedoch verhielten sich viele Handelskammern nicht blos gegen den von der Kölner Handelskammer befürworteten Vorschlag, den Eigenthumsvorbehalt für nichtig zu erklären, sondern überhaupt gegen jeden gesetzgeberischen Eingriff in die Vertragsfreiheit der Parteien bei dem Abschluß der Abzahlungsgeschäfte ablehnend. Es waren dies die Handelskammern: Baden-Baden (1886), Bielefeld, Duisburg, Halle, Heilbronn, Heidenheim, Karlsruhe, Kiel, Leipzig, Posen, Trier, Wiesbaden, Zittau,*) sowie die Aeltesten der Kaufmannschaft von Berlin. Aus dem Schreiben, welches die Aeltesten der Kaufmannschaft von Berlin an die Kölner Handelskammer auf jene Anregung hin am 24. Februar 1887 richteten, sei hier Folgendes mitgetheilt, da es jenen ablehnenden Standpunkt scharf zum Ausdruck bringt.

*) Zittau hielt die Verwirkungsklausel contra bonos mores und aus diesem Grunde schon nach dem bestehenden Recht für ungültig.

„Ebensowenig vermögen wir uns dem Antrage anzuschließen, es möge mit Rücksicht auf die sogenannten Abzahlungsgeschäfte der Vorbehalt des Eigenthums an der verkauften Sache verboten und eine entgegenstehende Stipulation für nichtig erklärt werden.

Diesen Antrag halten wir schon aus formalen Gründen für unausführbar. Der vertragliche Vorbehalt des Eigenthums an der verkauften und übergebenen Sache kommt nicht blos bei sogenannten Abzahlungsgeschäften vor, sondern ist eine uralte Form des gesammten Rechtslebens und wirkt überall als auflösende Bedingung. Da „Abzahlungsgeschäfte" ein rechtlich unabgrenzbarer Begriff sind, so würde dem Gesetzgeber, welcher Ihren Paragraphen zu einem Gesetzes-Paragraphen formuliren sollte, eine unerfüllbare Aufgabe zugemuthet.

Gemeint ist aber mit Ihrem Antrage ersichtlich nicht das Verbot des Eigenthums-Vorbehalts, sondern nur das Verbot der Abrede, daß für den Fall des Eintritts der auflösenden Bedingung die früher geleisteten Anzahlungen Eigenthum des Verkäufers bleiben.

Ein solches Verbot müßte sehr kunstvoll redigirt sein, wenn es einestheils alle Fälle, auf die es abzielt, treffen, und andererseits die Gefahr vermeiden soll, daß der Art. 284 des H.G.B., lautend:

„Die Conventionalstrafe unterliegt keiner Beschränkung in Ansehung des Betrages"

durch das gewünschte neue Gesetz in weit größerem Umfange alterirt werden kann, als Sie selbst beabsichtigen. Die Schwierigkeit, den Begriff der „Abzahlungsgeschäfte" gesetzlich brauchbar zu definiren, würde auch dieser Formulirung im Wege stehen. Würde beispielsweise nicht eine Definition gefunden, welche den mit der Klausel eines späteren Eigenthums-Ueberganges geschlossenen Miethsvertrag dem Abzahlungsgeschäfte gleichstellt, so wäre der Umgehung des gewünschten Gesetzes Thür und Thor geöffnet, und erließe man das Verbot absolut und ohne Begrenzung der Conventionalstrafe auf eine mäßige Höhe, so entzöge man vielleicht den gemeinnützigen Gesellschaften, welche sich bestreben, den Arbeitern auf dem Wege der Abzahlung den Erwerb eines eigenen Hauses zu erleichtern, eines der wichtigsten Mittel zur Förderung ihrer Ziele.

Die Hast, mit welcher man in der Jetztzeit so häufig das Einschreiten der Gesetzgebung fordert, um einem Spezialbedürfnisse, welches man erkannt zu haben glaubt, Abhülfe zu verschaffen, verleitet nur zu oft dazu, den Zusammenhang der wirthschaftlichen Bedürfnisse und der Rechtsnormen unter sich zu übersehen, und schon darum stehen wir jedem Wunsche nach einer Gesetzgebung ad hoc mit Mißtrauen gegenüber.

Im vorliegenden Falle glauben wir aber auch gar nicht an das Vorhandensein des behaupteten wirthschaftlichen Bedürfnisses.

Das mit Conventionalstrafe verbundene Geschäft des Eigenthums-Erwerbes durch Partialzahlungen ist an und für sich ein wirthschaftlich durchaus gesundes. Schon der Umstand, daß es Zwang zur Baarzahlung wenn auch zur allmäligen gegen den Käufer übt, also von der Bahn des Borggeschäftes allmälig ablenkt, giebt ihm Anspruch auf diese Bezeichnung. Daß es, wie jede rechtliche Institution, gemißbraucht werden kann, berechtigt nicht dazu, es im Allgemeinen als schädlich zu verurtheilen. Gegen derartige Ausschreitungen wird in den meisten Fällen schon die bestehende Gesetzgebung Schutz gewähren. Der Wunsch, die wirthschaftlich Schwachen vor Uebervortheilung zu bewahren, darf nicht dahin führen, daß das Gesetz sie glauben macht, es könnte sie gegen jede Benachtheiligung schützen. Solche Bestrebungen sind vielmehr geeignet, die Wachsamkeit der im Gesetze Bevormundeten einzuschläfern, und sie dem gewissenlosen Betrüger in die Hände zu liefern, während der bessere Schutz, den sie sich durch Anwendung eigener Vorsicht und Sorgsamkeit schaffen können, unangewendet bleibt."

Die überwiegende Mehrzahl der Handelskammern hielt jedoch gegen die bei den Abzahlungsgeschäften eingerissenen Mißstände ein Einschreiten des Gesetzgebers für geboten. Die Kammer in Stuttgart schlug eine Besteuerung der Abzahlungsgeschäfte (Waarenkredithäuser) vor; die Jahresberichte der Kammern in Chemnitz, Dresden, Hannover, Harburg, Limburg und Solingen befürworteten die Stellung der Abzahlungsbazare unter obrigkeitliche Kontrole nach Analogie der Pfandleihgeschäfte (§§. 34, 35, 38 der Gewerbeordnung); dem Antrage der Kölner Handelskammer (Verbot des Eigenthumsvorbehalts) schlossen sich an: Arnsberg, Augsburg, Bochum, Düsseldorf, Flensburg, Minden, Mülheim a. Rh., Osnabrück; den im Gesetz vom 16. Mai 1894 gewählten Weg, die Verwirkungsklausel zu verbieten, empfahlen aber: Frankfurt a. M., Göttingen, Halberstadt, Heidelberg, Offenbach, Pforzheim und Worms. Der Jahresbericht der Handels- und Gewerbekammer zu Plauen (1887) endlich gab zu erwägen, „ob nicht die Frage der Zulässigkeit des Abzahlungsgeschäfts in dessen bisherigem Sinne 1. durch eine Berücksichtigung des Mehrwerths des verfallenen Kaufgegenstandes über den Betrag der noch rückständigen Abschlagszahlungen zu Gunsten des Käufers und 2. durch die Beschränkung des Abzahlungsgeschäfts auf solche Gegenstände, welche dem Käufer als Hülfsmittel in seinem Berufe dienen sollen, gesetzlich geregelt werden könne."

Aus kaufmännischen Kreisen war denn auch die überwiegende Mehrzahl der an den Reichstag gerichteten Eingaben hervorgegangen, welche in der Sitzung der Kommission für Petitionen am 12. Mai 1887 zur Berathung standen. (Drucksachen des Reichstags 1887. I Nr. 154.) Die Handelskammern der Provinz Hannover (Goslar, Göttingen, Hannover, Harburg, Hildesheim, Lüneburg, Osnabrück und Verden) hatten die Stellung der Abzahlungsgeschäfte unter obrigkeitliche Kontrole, die Handelskammern zu Flensburg, Gera, Heidelberg, Iserlohn, Ludwigshafen, Offenbach a. M., Ravensburg, die Vereine gegen Unwesen in Handel und Gewerbe zu Köln a. Rh. und zu Dresden, der Dresdener Allgemeine Handwerker-Verein, endlich eine Petition von J. Hochstetter und Gen. zu Mannheim (mit 861 Unterschriften) hatten die Ungültigkeit der Kontrakte, welche von den Abzahlungshändlern geschlossen würden, beantragt, während der Kaufmann L. Löwenstein (Altona) und der Kaufmann S. Sachs (Berlin) zu Gunsten der Abzahlungsgeschäfte petitionirt hatten. Die Kommission befürwortete mit 12 gegen 10 Stimmen, der Reichstag wolle beschließen, die gegen die Abzahlungsgeschäfte gerichteten Petitionen dem Herrn Reichskanzler zur Erwägung zu überweisen und zu empfehlen. Zu einer Verhandlung im Plenum des Reichstags gelangten jedoch weder diese, noch die das Abzahlungsgeschäft betreffenden Eingaben, welche in der Sitzung der Petitionskommission vom 18. Januar 1889 berathen wurden,*) und bei deren Berathung der in Vertretung der verbündeten Regierungen an-

---

*) Es waren dies die Petitionen der Handelskammer für Osnabrück und des Vorstandes des Vereins zur Wahrung gewerblicher Interessen für Aachen und Burtscheid (in letzterer Petition hieß es, daß die Waarenkredithäuser wohl am treffendsten als Waaren-Wucherhäuser zu bezeichnen wären) und eine sich für die Berechtigung der Abzahlungsgeschäfte aussprechende abermalige Petition des Kaufmanns L. Löwenstein zu Altona. (Drucksachen des Reichstags 1888/89 Nr. 122.)

wesende Regierungsassessor Dr. Wilhelmi die Erklärung abgab, daß die Frage der gesetzlichen Regelung der Abzahlungsgeschäfte zur Zeit der Erwägung unterliege und demnächst den Gegenstand kommissarischer Berathungen unter den betheiligten Reichsämtern bilden werde, woraufhin die Kommission die Ueberweisung der auf die Abzahlungsgeschäfte sich beziehenden Petitionen an den Herrn Reichskanzler als Material für deren demnächstige gesetzliche Regelung zu empfehlen beschloß. Die in Aussicht gestellte Initiative der verbündeten Regierungen brachte aber in die nun einmal in Fluß gekommene Bewegung gegen die Abzahlungsgeschäfte keinen Stillstand. Der Petitionskommission des Reichstags lagen in ihrer Sitzung vom 27. Februar 1891 nicht weniger als 972 Petitionen von Handelskammern, kaufmännischen Vereinen, Gewerbetreibenden, Handwerkervereinen, Innungen und Innungsverbänden vor, welche, wie es in dem Kommissionsbericht heißt, „alle mit mehr oder weniger lebhaften Farben die Schäden und Nachtheile schildern, die durch den Hausirhandel, die Detailreisenden und die Abzahlungsgeschäfte, sowie andere ähnliche Auswüchse des gewerblichen Lebens dem gewerblichen Mittelstand und dem Handwerkerstand, sowie der verbrauchenden Bevölkerung im

Allgemeinen zugefügt würden". Typisch für alle diese Schriftstücke erachtete die Kommission die Petitionen des deutschsozialen Vereins für das Königreich Sachsen und des deutschen Reformvereins zu Leipzig, sowie die ihnen gleichlautende Petition des Technikers Theodor Fritsch zu Leipzig, welche 5540 Unterschriften gefunden hatte. Dort war gesagt:

„Die Abzahlungsgeschäfte sind ebenfalls darauf berechnet, durch eine scheinbar bequeme Bezahlungs-Form zu leichtsinnigen Einkäufen zu verführen. Der bestehende Zahlungs-Modus läßt den Käufer meist ganz übersehen, daß er doch eigentlich sehr hohe Preise für Waaren von zweifelhafter Güte zahlt. Die dabei üblichen Kauf- und Mieth-Verträge bringen den Käufer oft in die Gefahr, sein Geld loszuwerden, ohne schließlich etwas dafür zu besitzen. Ein furchtbares Wachsthum der gerichtlichen Klagen und Auspfändungen bildet die hauptsächlichste Frucht dieser Geschäfte. Auch hier zeigt sich eine kecke Plünderung des Publikums und eine Schädigung der soliden Geschäfts-Leute durch Entziehung der Kundschaft."

Zur Abhülfe wurde vorgeschlagen:

„Die Abzahlungsgeschäfte sind unter strenge

Kontrole zu stellen. Die bisherige Form der Mieths-Verträge, wobei der Verkäufer das Recht hat, die Waaren bei Ausfall einer Raten-Zahlung zurückzufordern, ohne Rückgabe der angezahlten Beträge ist für unstatthaft zu erklären. Eine gelieferte Waare der Abzahlungsgeschäfte ist in streitigen Fällen von einem Fach-Ausschusse auf ihren wirklichen Werth abzuschätzen und eine ungerechtfertigte Uebertheuerung des Käufers unter den Begriff des Wuchers zu stellen."

Auch der über diese 972 Petitionen erstattete schriftliche Bericht vom 11. März 1891 (Drucksachen 1890/91 Nr. 351) gelangte nicht zur Plenarberathung.

Am 10. September 1891 verhandelte dann der XXI. Deutsche Juristentag über die Frage der Abzahlungsgeschäfte. Das dem Juristentage vom Justizrath R. Wilke (Berlin) erstattete Gutachten empfahl insbesondere Beschränkung der Abzahlungsgeschäfte auf Gegenstände des gewerblichen und wirthschaftlichen Bedarfs. Einem zweiten von Dr. Heck (Berlin) erstatteten Gutachten war ein vollständig ausgearbeiteter Gesetzentwurf, die Abzahlungsgeschäfte betreffend, beigefügt, aus dessen allgemeinen Bestimmungen hier hervorgehoben sein mag, daß Dr. Heck Abzahlungsgeschäfte künftig nur dann nach dem Handelsgesetzbuch beurtheilt wissen wollte, wenn das Geschäft auf Seiten des Erwerbers der Waare als Handelsgeschäft zu gelten hätte. Auf dem XXI. Deutschen Juristentage kam es freilich zu keinem Beschluß; wohl aber hatten die dort geführten Diskussionen im Verein mit den erstatteten Gutachten und verschiedenen anderen, mittlerweile erschienenen fachwissenschaftlichen Werken (vgl. die Literaturübersicht) die einschlägigen Fragen soweit geklärt, daß sie spruchreif erscheinen konnten. Die von den verbündeten Regierungen angeordneten amtlichen Erhebungen ließen auch einen Aufschub der Entscheidung, etwa bis zur Vollendung des in Aussicht genommenen Deutschen Bürgerlichen Gesetzbuchs nicht rathsam erscheinen. Schon in der Reichstagssitzung vom 17. November 1891 konnte daher der Staatssekretair des Reichsjustizamts, W. G. R. Dr. Bosse auf eine Anfrage des Abg. Böckel mittheilen, daß von der Reichsjustizverwaltung eine Vorlage, die Abzahlungsgeschäfte betreffend, ausgearbeitet worden sei, über welche Berathungen der dabei interessirten Ressorts in den nächsten Tagen beginnen würden, und am

23. Dezember 1892 legte der Reichskanzler einen vom Bundesrath beschlossenen

Entwurf eines Gesetzes, betreffend die Abzahlungsgeschäfte,

dem Reichstage zur verfassungsmäßigen Beschlußnahme vor. (Drucksachen 1892/3 II Nr. 69.) Dieser Entwurf sah nun von jedem Versuche, das Abzahlungsgeschäft für gewisse Kategorien von Waaren z. B. Luxuswaaren zu verbieten oder dasselbe unter obrigkeitliche Kontrole zu stellen oder einer besonderen Steuer zu unterwerfen, gänzlich ab und beschränkte sich auf das Gebiet des bürgerlichen Rechts. In den dem Gesetzentwurf beigegebenen Motiven wurde dieser Standpunkt, wie folgt, gerechtfertigt:

„Ist ... davon auszugehen, daß das Abzahlungsgeschäft nach Lage der heutigen Verhältnisse unentbehrlich ist, so läßt sich durch das Gesetz diese Geschäftsform weder völlig untersagen, noch den Gegenständen nach beschränken. Denn es wird kaum eine Gattung von Gegenständen geben, deren Anschaffung nicht je nach den Umständen einem wahren Bedürfniß entsprechen kann. Eine Untersagung des Abzahlungsgeschäfts für Sachen, die im einzelnen Falle nur dem Luxus des Erwerbers dienen, wäre zwar grundsätzlich zu rechtfertigen; allein eine Vorschrift dieser Art wäre nicht durchzuführen, ohne die Sicherheit des Geschäftsverkehrs zu schädigen. Ebensowenig empfiehlt sich der Vorschlag, die Abzahlungsgeschäfte einer besonderen Steuer zu unterwerfen, da diese Maßregel einerseits den beabsichtigten Erfolg kaum haben, andererseits auf eine Beeinträchtigung auch des berechtigten Abzahlungshandels hinauslaufen würde. Nicht minder erweisen sich Maßregeln auf gewerbepolizeilichem Gebiet als undurchführbar. Mehrseitig ist befürwortet worden, den Betrieb von Abzahlungsgeschäften wie den der Pfandleiher von einer Erlaubniß der Behörde abhängig zu machen und ihn der obrigkeitlichen Regelung und Kontrole zu unterwerfen (§§. 35, 38 der Gewerbeordnung) oder doch die Untersagung des Gewerbebetriebes für den Fall erwiesener Unzuverlässigkeit (§. 35 daselbst) zuzulassen. Abgesehen davon, daß derartige Beschränkungen den reellen Abzahlungshandel schwer schädigen und gerade die solideren Geschäftsleute von diesem zurückschrecken müßten, ist zu beachten, daß das Abzahlungsgeschäft nicht, wie die Geschäftszweige, die von den angeführten Vorschriften betroffen werden, eine sich äußerlich kennzeichnende, besondere Art von Gewerbebetrieb, sondern nur eine Form des Geschäftsabschlusses darstellt, die in den verschiedensten

Arten von Gewerbebetrieben Anwendung finden kann. Infolge davon wäre eine wirksame Aufsicht der Behörde über das Verhalten der Abzahlungshändler und über die Befolgung der erlassenen Anordnungen nicht zu ermöglichen. Besondere Vorschriften, welche die Polizeibehörden über den Geschäftsbetrieb, namentlich über die Vertragsbedingungen bei den Abzahlungsgeschäften zu treffen hätten, würden sich überdies auf Nebenpunkte beschränken müssen, um die Freiheit des Verkehrs nicht in nachtheiliger Weise einzuengen. An der Schwierigkeit der thatsächlichen Durchführung scheitern auch die Vorschläge, für den Abzahlungsverkehr den Gewerbebetrieb im Umherziehen und das Aufsuchen von Bestellungen von Ort zu Ort und von Haus zu Haus zu untersagen oder auf Bedarfsgegenstände zu beschränken oder die Vorbedingungen einer derartigen Ausübung des Gewerbebetriebs (§§. 44 a, 55, 56 ff. der Gewerbeordnung) zu erschweren.*) Zudem

*) Die in dieser Beziehung gemachten Vorschläge knüpften an die österreichische Regierungsvorlage zur X. Session des Abgeordnetenhauses 1890 an, welche folgenden §. 5 enthielt:

Hausirern ist der Abschluß von Veräußerungsgeschäften gegen Ratenzahlung, sowie die Einladung

würden derartige Maßregeln, insofern sie sich auch gegen den reellen und nothwendigen Abzahlungshandel richteten, die berechtigten Interessen der Industrie schädigen und den Bedürfnissen des Publikums auf dem platten Lande widersprechen."

Das Zutreffende dieser Gründe wird man schwerlich verkennen können; jedenfalls stellte sich nicht blos die IX. Kommission, welcher der Entwurf vom 23. Dezember 1892 zur Vorberathung überwiesen wurde, abgesehen davon, daß sie beschloß, den Abzahlungshandel mit gewissen Papieren (Lotterieloosen u. s. w.) unter Strafe zu stellen (§. 7 des Gesetzes vom 16. Mai 1894) ganz auf den von dem Entwurf eingenommenen civilrechtlichen Standpunkt, sondern, um dies hier vorwegzunehmen, auch der Reichstag selbst lehnte später den Antrag Gröber (Nr. 288 der Drucksachen 1893/4) ab, welcher in das Gesetz als §. 7a folgende Bestimmung einschalten wollte:

---

zum Abschlusse solcher Geschäfte untersagt. Bei dem Aufsuchen von Bestellungen von Ort zu Ort oder von Haus zu Haus darf die Einladung zum Abschluß solcher Geschäfte, sowie der Abschluß derselben nur in Gegenständen stattfinden, welche zum Geschäftsbetriebe oder überhaupt dem wirthschaftlichen Bedarf des Erwerbers der Sache dienen.

„Wer gewerbsmäßig im Umherziehen oder im stehenden Gewerbebetrieb von Ort zu Ort, beziehungsweise von Haus zu Haus, Bestellungen auf Waaren, welche gegen Theilzahlungen verkauft oder durch sonstige, auf die gleichen Zwecke abzielende Verträge veräußert werden sollen, bei Personen aufsucht, in deren Geschäftsbetrieb Waaren der angebotenen Art keine Verwendung finden, oder an solche Personen Waaren in dieser Weise feilbietet oder veräußert (§. 1, 6), wird, sofern nicht die Bestimmung des §. 7 Anwendung findet, mit Geldstrafe bis zu einhundertundfünfzig Mark bestraft."

Der Entwurf vom 23. Dezember 1892 beschränkte sich aber nicht allein auf eine rein civilrechtliche Neuregelung der Abzahlungsgeschäfte, sondern er befleißigte sich auch in deren civilrechtlicher Neuregelung der größtmöglichsten Zurückhaltung. Zur Erreichung des dem Gesetzgeber vorschwebenden Ziels thunlichster Wiederherstellung des Zustandes vor dem Vertrag erschien es genügend, lediglich bestimmten, bei Abzahlungsgeschäften über Mobilien getroffenen Abreden, die Wirksamkeit zu versagen. Die Motive rechtfertigen diese Zurückhaltung weitergehenden Vorschlägen gegenüber folgendermaßen:

„Die Klagen hinsichtlich der civilrechtlichen Gestaltung der Abzahlungsgeschäfte richten sich auf zwei Punkte: man verneint die Angemessenheit der Anwendung gewisser gesetzlicher Normen auf diese Geschäfte und bekämpft die Zulässigkeit der üblichen, für den Schuldner drückenden Abreden. In ersterer Hinsicht wird die Ausschließung des Handelsrechts befürwortet, weil es leicht zur Verwirkung der Ansprüche wegen mangelhafter Beschaffenheit der Sache führe, einen Rechtsbehelf wegen Uebermaaßes des Preises nicht gewähre, der Vertragsstrafe keine Schranke setze; gegenüber der Formfreiheit der Verträge nach Handelsrecht wird das Erforderniß des schriftlichen Vertragsabschlusses empfohlen. Allein auf der einen Seite würde die Anwendung des allgemeinen bürgerlichen Rechts an Stelle des Handelsgesetzbuchs den angeblichen Uebelständen nicht in fühlbarem Maaße abhelfen, sondern nur böswilligen Schuldnern bequeme Handhaben für Chikane und Prozeßverschleppung bieten. Auf der anderen Seite gewährt gerade das Handelsrecht in weiterem Umfange die Möglichkeit, die wahre Willensmeinung der Kontrahenten und namentlich mündliche Nebenabreden zu dem schriftlichen Vertrage zu berücksichtigen. Aus letzterem Grunde erscheint es auch nicht angezeigt, die schriftliche Form, die im Abzahlungsverkehr ohnehin allgemein üblich ist, zur Bedingung für die Gültigkeit des Vertrags zu machen. Wenn ferner mit Rücksicht auf das Treiben der Agenten und Provisionsreisenden die allgemeinen Grundsätze über Bevollmächtigung für ungeeignet erklärt worden sind, so ist nicht abzusehen, wie hier auf dem Gebiete des Civilrechts Wandel geschaffen werden könnte. Insbesondere würde eine gesetzliche Feststellung der Vollmacht jener Mittelpersonen an der Vielgestaltigkeit der Verhältnisse scheitern und mit den Bedürfnissen des Lebens nicht im Einklange stehen. Ein durchgreifendes Mittel gegen Uebervortheilung oder Uebereilung könnte man in dem Vorschlag erblicken, daß dem Käufer der freie Rücktritt vom Vertrage gegen Zahlung eines Reugeldes gewährt werden solle. Diese Maaßregel würde jedoch, während sie den Handel mit fast werthloser Waare kaum hemmen würde, das solide Abzahlungsgeschäft zum Nachtheil des Publikums mit schweren Unkosten belasten, überdies die Leichtfertigkeit bei Eingehung der Verträge wesentlich steigern. Ein wirksamer Schutz würde dem Abzahlungskäufer auch nicht durch eine Vorschrift gewährt werden, welche eine Klausel in dem schriftlichen Vertrage für ungültig erklärte, wonach mündlichen Nebenabreden keine Bedeutung zukommen solle; denn die Schwierigkeit, den in Wahrheit verabredeten Vertragsinhalt gegenüber der schriftlichen Urkunde zur Geltung zu bringen, beruht im Wesentlichen nicht auf Sätzen des materiellen Rechts, sondern in der dem Abzahlungskäufer obliegenden Beweislast. Die Thatsache, daß Abzahlungshändler ihre Ueberlegenheit häufig zur Aufnahme drückender Abreden in den Vertrag benutzen, hat weiterhin den Vorschlag veranlaßt, daß nur einige wenige Vereinbarungen zu Ungunsten des Käufers im Gesetz als zulässig bezeichnet, alle anderen dagegen verboten werden sollten. Diese Regelung würde jedoch einerseits für die Ausbeutung immer noch einen weiten Spielraum übrig lassen, andererseits die Berücksichtigung der besonderen Verhältnisse ausschließen, die im Einzelfalle die verschiedenartigsten Vereinbarungen nöthig machen können. Das Gesetz muß sich deshalb darauf beschränken, bestimmten Abreden die Wirksamkeit zu versagen. Dahin gehören die Verwirkungsklausel, die Vereinbarung über die vom Käufer im Falle der Zurücknahme zu leistende Vergütung, die Festsetzung einer übermäßigen Vertragsstrafe, sowie die Vereinbarung der sofortigen Fälligkeit der Restschuld im Falle des Verzugs. Weiter zu gehen erscheint nicht geboten. Der vertragsmäßige Verzicht auf die Ansprüche aus Gewährsmängeln ist im Falle des Betrugs ohnehin wirkungslos; im Uebrigen dient er zur Abschneidung leichtfertiger Prozesse. Die Vereinbarung, daß der Gläubiger bei Auflösung des Vertrags eigenmächtig die Sachen aus den Räumen des Schuldners solle abholen dürfen, kann unter Umständen gerechtfertigt sein, schützt übrigens im Falle des Mißbrauchs nicht gegen die Strafe des Hausfriedensbruchs. Die vertragsmäßige Unterwerfung unter den allgemeinen Gerichtsstand des Verkäufers hat in Deutschland zu besonderen Beschwerden keinen Anlaß gegeben.*)"

*) Anders in Oesterreich (vgl. W. Hausmann, Die Veräußerung beweglicher Sachen gegen Ratenzahlung. Berlin 1891 S. 90).

In Ausführung dieser Grundsätze stellte nun der Entwurf in fünf Paragraphen die civilrechtlichen Regeln fest, nach denen künftig gewisse Abreden der Parteien bei den Abzahlungsgeschäften beurtheilt werden sollten und bestimmte im §. 6, daß diese Regeln keine Anwendung finden dürften, wenn der Empfänger der Sache als Kaufmann in das Handelsregister eingetragen sei. Im §. 7, dem Schlußparagraphen des Entwurfs, der dem §. 9 des Gesetzes vom 16. Mai 1894 entspricht, war bestimmt, daß das Gesetz keine rückwirkende Kraft haben solle. Der Wortlaut des Entwurfs findet sich im Anhang I unter Gegenüberstellung der Fassung, welche die IX. Kommission*) dem Entwurf gab, abgedruckt. Ihr war, wie gesagt, der Entwurf vom Reichstag nach

*) Der IX. Kommission gehörten an: Ackermann, Vorsitzender, Dr. Mehnert, Berichterstatter, Auer, Bock (Minden), Braun, Dietz, Graf zu Dohna-Schlobitten, Freiherr v. Frankenstein, v. Hollmann, Kraemer, Metzner (Neustadt), Dr. Osann, Dr. Pachnicke, Dr. Rzepnikowski, Dr. Schaedler, Schenk, Dr. Schneider (Nordhausen), Spahn, Troeltsch, Wenzel, Wöllmer. In Vertretung der verbündeten Regierungen wohnten den Sitzungen bei:
Der Staatssekretair des Reichs-Justizamts, Wirklicher Geheimer Rath Hanauer,

Abschluß der ersten Berathung am 21. Januar 1893 (Sten. Ber. 1892/3 S. 613—630) zur Berichterstattung überwiesen worden. Sie erledigte sich ihrer Aufgabe in 9 Sitzungen und nahm in der Schlußabstimmung den Entwurf mit 8 gegen 3 Stimmen an, nachdem sie den sieben Paragraphen des Entwurfs zwei Paragraphen hinzugefügt hatte; erstlich den heutigen §. 3, wonach die aus den §§. 1 und 2 des Gesetzes sich ergebenden gegenseitigen Verpflichtungen der Parteien Zug um Zug zu erfüllen sind, sodann den heutigen §. 7, wonach der Verkauf gewisser Papiere gegen Theilzahlungen in der Person des Verkäufers bestraft wird. Auch änderte sie die im §. 1 des Entwurfs vorgesehene Berechtigung des Käufers, die Zurückgewährung der von ihm geleisteten Theilzahlungen gegen Rückgabe der empfangenen Sache zu fordern, in eine Verpflichtung beider Parteien

---

der Bevollmächtigte zum Bundesrath, Oberregierungsrath Landmann,

der Bevollmächtigte zum Bundesrath, Königlich bayerische Ministerialrath v. Heller,

der Geheime Regierungsrath Struckmann,

der Geheime Regierungsrath Dr. Dungs,

der Kaiserliche Regierungsrath v. Sydow,

der Kaiserliche Regierungsrath Jaup.

um, sich gegenseitig die empfangenen Leistungen zurückzugewähren. Die übrigen Aenderungen waren, wie aus der Zusammenstellung im Anhang I ersichtlich, redaktioneller Art.

Der von der IX. Kommission durchberathene Entwurf vom 23. Dezember 1892 kam jedoch in der II. Session 1892/93 nicht zur Verabschiedung; der Reichstag war am 29. April 1893 (St. Ber. 1892/93 S. 2082—2096) in der zweiten Lesung noch nicht über die Berathung des §. 1 hinausgekommen, als die Session durch Auflösung des Reichstags am 6. Mai 1893 ihr Ende fand. Die geleistete Arbeit war aber nicht umsonst gewesen; denn der in der II. Session 1893/94 (9. Legislatur-Periode) unter dem Datum des 13. Dezember 1893 vorgelegte neue Entwurf schloß sich, von ganz geringfügigen redaktionellen Aenderungen abgesehen, vollständig an die Fassung an, die dem ersten Entwurf von der IX. Kommission gegeben worden war. Von einer nochmaligen Kommissionsberathung konnte daher der Reichstag, der in der Sitzung vom 25. Januar 1894 die erste Berathung des neuen Entwurfs erledigte, Abstand nehmen (Sten. Ber. 1893/94 S. 863—877). Zur zweiten Berathung, die in der Sitzung vom 10. April 1894 stattfand (Sten. Ber. 1893/4 S. 2025—2052), wurden einige Abänderungs- und Ergänzungsanträge gestellt, die aber, bis auf zwei Anträge des Abg. Dr. Enneccerus, nicht in das Gesetz gelangten, da sie, soweit sie bei der zweiten Berathung Annahme fanden, in der dritten Berathung wieder gestrichen wurden. Die dritte Berathung fand am 12. April 1894 statt (Sten. Ber. 1893/94 S. 2066—2074); das Gesetz wurde, ohne daß es zur namentlichen Abstimmung über einzelne Bestimmungen oder über das Gesetz im Ganzen gekommen wäre, vom Reichstag angenommen.

Zu den gestellten Abänderungs- und Ergänzungsanträgen, die nicht in die dritte Berathung gelangten, gehörte der oben bereits erwähnte Antrag Groeber. Ein Antrag des Abg. Hofmann-Dillenburg (Drucksachen 1893/94 Nr. 207):

> „Für Klagen aus diesem Gesetze ist der durch die §§. 13—24 der C.P.O. bestimmte Gerichtsstand ausschließlich begründet"

wurde vom Antragsteller bei der zweiten Berathung vor der Abstimmung zurückgezogen, ein Antrag des Abg. Lenzmann aber abgelehnt, der an Stelle der §§. 1 und 2 der Regierungsvorlage gesetzt wissen wollte:

§. 1.

„Hat bei dem Verkauf von dem Käufer übergebenen beweglichen Sachen, deren Kaufpreis in Theilzahlungen berichtigt werden soll, der Verkäufer sich das Recht vorbehalten, wegen Nichterfüllung der dem Käufer obliegenden Verpflichtungen ganz oder theilweise von dem Vertrage zurückzutreten, so hat im Falle dieses Rücktritts der Verkäufer an den Käufer denjenigen Betrag zu erstatten, in welchem der gegenwärtige Werth, den die zurückzugewährende Sache für den Verkäufer hat, den noch rückständigen Theil des gesammten Vertragskaufpreises übersteigt. Eine entgegengesetzte Vereinbarung ist nichtig.

§. 2.

Der Käufer hat im Falle des Rücktritts dem Verkäufer für die in Folge des Vertrages gemachten Aufwendungen Ersatz zu leisten. Für die Benutzung der zurückzugewährenden Sache hat der Käufer auf den nach §. 1 ihm zu erstattenden Sachwerth sich fünf vom Hundert jährlicher Zinsen der Kaufpreisrückstände von deren Verfalltagen bis zur Rückgewähr der Sache anrechnen zu lassen. Eine entgegengesetzte Vereinbarung ist nichtig.

Der übrige Theil des §. 2 der Regierungsvorlage fällt weg (Drucksachen 1893/94 Nr. 289)."

Der Antrag Lenzmann wollte somit an Stelle des Prinzips, welches dem Entwurf zu Grunde lag, daß nämlich bei Auflösung des Geschäfts der status quo ante möglichst wiederhergestellt werde, eine Bestimmung setzen, nach welcher der ursprüngliche Verkäufer, der den Vertrag auflöste, zum Rückkäufer der verkauften Sache wurde und das Recht erhielt, auf den Rückkaufspreis nicht blos die ihm aus dem aufgelösten Vertrage noch schuldigen Theilzahlungen, sondern auch noch die Aufwendungen aus dem Vertrag und Zinsen für die rückständigen Theilzahlungen anzurechnen. Der sozialpolitischen Absicht, die der Entwurf verfolgte, Schutz des wirthschaftlich schwach gestellten Abzahlungskäufers, hätte eine solche Lösung der Frage wenig entsprochen.

Zur Annahme in zweiter Lesung gelangte jedoch ein Antrag der Abgeordneten Tutzauer und Auer auf Einfügung folgender Bestimmung (Drucksachen Nr. 160 berichtigt):

„Wird über den Verkauf einer beweglichen Sache gegen Theilzahlung eine Urkunde errichtet, so ist der Verkäufer verpflichtet, dem Käufer der Sache eine zweite Ausfertigung der Vertragsurkunde auszuantworten und diese im Besitz des Käufers dauernd zu belassen. Die Aushändigung des zweiten Exemplars der Vertragsurkunde hat spätestens bei Uebergabe der veräußerten Sache, bei stempelpflichtigen Urkunden spätestens am dritten Tage nach erfolgter Abstempelung zu erfolgen. Die Zuwiderhandlung gegen diese Vorschrift zieht eine Geldstrafe bis zu 150 Mk. nach sich."

Gegen diesen Antrag, der für den Abschluß eines privatrechtlichen Vertrages die Beobachtung einer Formalität durch Strafandrohung erzwingen wollte, wurden in der dritten Berathung von dem Staatssekretair des Reichs-Justizamts, W. G. R. Nieberding, und verschiedenen Abgeordneten so schwere Bedenken geltend gemacht, daß der Reichstag den Beschluß zweiter Lesung wieder aufhob.

Zur Annahme in zweiter Lesung war endlich ohne Diskussion und, wie die Abgeordneten Frhr. v. Stumm-Halberg und Dr. v. Buchka in dritter Lesung behaupteten, nur infolge eines Mißverständnisses ein Antrag des Abg. Dr. Enneccerus gelangt (Drucksachen 1893/94, Nr. 290, Nr. 3), welcher das Verbot, die im §. 7 des Entwurfes bezeichneten Arten von Papieren (Lotterieloose, Inhaberpapiere mit Prämien, sowie Bezugs- und Antheilscheine auf solche Loose oder Inhaberpapiere) gegen Theilzahlungen zu verkaufen, auf Werthpapiere aller Art ausgedehnt wissen wollte. Nachdem der Vizepräsident des Königlich preußischen Staatsministeriums, Staatssekretair des Innern, Dr. v. Boetticher und die Abgeordneten Dr. Meyer, Lenzmann, Spahn, Frhr. v. Stumm-Halberg und Dr. v. Buchka auf die merkwürdigen Konsequenzen hingewiesen hatten, die sich aus dem Verbot, Werthpapiere jeder Art gegen Theilzahlungen zu verkaufen, nothwendigerweise ergeben mußten, der Abg. Singer aber Aufrechterhaltung des in der zweiten Lesung gefaßten Beschlusses empfohlen hatte, wurde auch bezüglich dieses Punktes die frühere Fassung wiederhergestellt.

Annahme in zweiter und dritter Lesung fanden, wie oben bereits bemerkt, von den gestellten Abänderungsanträgen nur zwei Anträge des Abg. Dr. Enneccerus (Drucksachen 1893/94, Nr. 290). Sie lauten:

1. im §. 2 nach dem Worte „vergüten" einzufügen: „wobei auf die inzwischen eingetretene Werthverminderung der Sache Rücksicht zu nehmen ist";
2. die Schlußworte des §. 4 folgendermaßen zu fassen: „mindestens dem zehnten Theile

des Kaufpreises der überlieferten Waare gleichkommt".

Die Fassung des Gesetzes weicht somit nur in diesen beiden Punkten von der Fassung des zweiten Entwurfes ab, die ihrerseits der Fassung des ersten Entwurfes entspricht, wie ihn die IX. Kommission des Reichstags in der II. Session 1892/93 festgestellt hatte. Die Bedeutung der Abweichungen, welche vom Bundesrath genehmigt wurden, ist in Note 4 zu §. 2 und in Note 6 zu §. 4 besprochen.

Die Nr. 23 des Reichs-Gesetzblattes, in der das am 16. Mai 1894 zu Prökelwitz von Seiner Majestät dem Kaiser vollzogene Gesetz publizirt wurde, ist am 21. Mai 1894 zu Berlin ausgegeben worden. Das Gesetz ist daher mit dem 4. Juni 1894 in Kraft getreten.

Literatur.

Bähr: Anzeige in der Kritischen Vierteljahrsschrift für Gesetzg. u. Rechtsw. XIII, 3. S. 367—372.

— „Mißbräuchliche Geschäfte“ in den Grenzboten. 1890.

van der Borght: Zur Reform der Abzahlungsgeschäfte im Archiv f. soziale Gesetzg. u. Statistik. Bd. IV, 270 ff.

v. Brünneck: „Ueber den sogenannten Möbelleihvertrag“ in Gruchot's Beiträgen, X, S. 339 ff.

Cohen: Die volkswirthschaftliche Bedeutung des Abzahlungsgeschäfts. Leipzig 1891.

— „Ueber Abzahlungssystem beim Maschinenhandel“ in Schmoller's Jahrbuch XV, S. 609 ff.

Cosack: „Das Sachenrecht im Entwurf des Bürgerlichen Gesetzbuchs für das deutsche Reich“ in Bekker u. Fischer's Beiträgen Heft 13. S. 13—15.

Fuld: „Der Eigenthumsvorbehalt bei Verkäufen“ in der Ztschr. f. französisches Civilrecht. Bd. XVII, S. 130.

Hausmann: Die Veräußerung beweglicher Sachen gegen Ratenzahlung. Berlin 1891.

— „Das Abzahlungsgeschäft und der dem Reichstag vorliegende Gesetzentwurf“ in Braun's Sozialpolitischem Centralblatt II, S. 222.

Heck: Gutachten in den Verhandl. des XXI. Deutschen Juristentags. Bd. 2, S. 131 ff.

Höhne: Der sogenannte Leihvertrag. Berlin 1885.

— Theorie des sog. Leihvertrags. Berlin 1886.

Höhne: Die gesetzliche Regelung der Ratenabzahlungsgeschäfte. Berlin 1891.
Jastrow: Gutachten in den Verhandl. d. XXII. Deutschen Juristentags. Bd. 2, S. 131 ff.
Leist: Die Sicherung von Forderungen durch Uebereignung von Mobilien. 1889. S. 106 ff.
Lichtenthal: Ratenzahlungssystem. Berlin 1891.
Marwitz: „Ueber den Möbelleihvertrag" in Gruchot's Beiträgen. XXXV, S. 214 ff.
Mataja: „Ratenhandel und Abzahlungsgeschäft" im Archiv für soziale Gesetzg. und Statistik. I, 157—175.
— „Abzahlungsgeschäfte" im Handwörterbuch d. Staatswissenschaften von Conrad und Lexis. Jena 1890.
Näf: „Bedungener Eigenthumsvorbehalt bei Interims-Verkäufen" in den Badischen Annalen. L, S. 238.
Sachs: Die Abzahlungsgeschäfte und ihre Gegner. Berlin 1887.
Schember: „Nochmals der Eigenthumsvorbehalt" in den Badischen Annalen. LIII, S. 12 ff.
Staub: „Klage und Einrede im Interventionsprozesse" in der Juristischen Wochenschrift. 1888. S. 301.
Stenographische Berichte: über die Verhandlungen
a) des XXI. Deutschen Juristentags. Bd. 3, S. 42—87 u. S. 424—426;
b) des XXII. Deutschen Juristentags. Bd. 4, S. 124—171 u. S. 419—421.
Wilke: „Gutachten" in den Verhandl. des XXI. Deutschen Juristentags. Bd. 2, S. 117 ff.

(№ 2176.)

Gesetz, betreffend die Abzahlungsgeschäfte.

Vom 16. Mai 1894.

(R.G.Bl. 1894 Nr. 23. S. 450–451;
ausgegeben zu Berlin den 21. Mai 1894.)

Wir **Wilhelm**, von Gottes Gnaden Deutscher Kaiser, König von Preußen ꝛc.

verordnen im Namen des Reichs, nach erfolgter Zustimmung des Bundesraths und des Reichstags, was folgt:

§. 1.

Hat bei dem Verkauf [1]) einer dem Käufer übergebenen [2]) beweglichen [3]) Sache, deren Kaufpreis in Theilzahlungen berichtigt werden soll, der Verkäufer sich das Recht vorbehalten, wegen Nichterfüllung der dem Käufer obliegenden Verpflichtungen [4]) von dem Vertrage zurückzutreten, so ist im Falle dieses Rücktritts [5]) jeder Theil verpflichtet, dem anderen Theil die empfangenen Leistungen zurückzugewähren.[6]) Eine entgegenstehende Vereinbarung ist nichtig.

Dem Vorbehalte des Rücktrittsrechts steht es gleich, wenn der Verkäufer wegen Nichterfüllung der dem Käufer obliegenden Verpflichtungen kraft Gesetzes die Auflösung des Vertrages verlangen kann.[7])

[1]) Die ersten fünf Paragraphen des Gesetzes handeln von dem Abzahlungsgeschäft in seiner einfachsten Rechtsform, dem Kauf und Verkauf auf Abzahlung. Die Motive nennen den Abzahlungskauf: „Das Abzahlungsgeschäft in seiner unverhüllten Gestalt." Von den Abzahlungsgeschäften, die in einer anderen Rechtsform als dem Kauf geschlossen werden, handelt § 6. Der Kauf auf Abzahlung ist eine besondere Art des Kreditkaufs, nämlich ein Kreditkauf, bei dem die Zahlung des Kaufpreises in Theilzahlungen verabredet und die einzelne Theilzahlung nur bis zu dem Termin, an welchem sie verabredetermaßen zu zahlen ist, kreditirt wird. Im Gegensatz zum Kreditsatz steht einerseits der Baarkauf, bei dem der Kaufpreis mit der Ueberlieferung der Waare gleichzeitig bezahlt wird, andrerseits der Pränumerationskauf, bei dem Zahlung des Preises vor Lieferung der Waare erfolgt.

[2]) Daß die bewegliche Sache (Waare, wie es im § 8 heißt), die den Gegenstand des Vertrages bildet, dem Käufer übergeben worden ist, ist nicht blos für den Abzahlungskauf wesentlich, sondern für alle Verträge, die als Abzahlungsgeschäfte im Sinne der §§ 1—6 des Gesetzes gelten sollen. Die Bestimmung des § 7 Abs. 2, wonach es keinen Unterschied machen soll, ob die Uebergabe eines gegen Theilzahlungen veräußerten Lotterieloofes, oder eines sonstigen Papiers der im § 7 genannten Art vor oder nach der Zahlung des Preises erfolgt, hat nur für die Anwendung der im § 7 vorgesehenen Strafbestimmung Bedeutung (vgl. Note 6 zu § 7).

[3]) Ein Abzahlungsgeschäft im Sinne des Gesetzes vom 16. Mai 1894 liegt bei Veräußerungen von Immobilien nicht vor. Unter beweglichen Sachen werden nur körperliche Sachen, nicht Rechte, wohl aber Urkunden über Rechte z. B. Inhaberpapiere zu verstehen sein (vgl. Note 6 zu § 7).

[4]) Die dem Käufer obliegende Verpflichtung zur rechtzeitigen Leistung der fällig gewordenen Theilzahlungen ist nicht die einzige Verpflichtung, an deren Nichterfüllung im Kaufvertrage das Rück-

trittsrecht des Verkäufers geknüpft werden kann. Es können auch anderweitige Verpflichtungen dem Käufer durch den Vertrag auferlegt (vgl. §§ 3 u. 4 im Formular A 1 und §§ 2 u. 3 im Formular B 1 im Anhang II) und dem Verkäufer das Recht zum Rücktritt für den Fall der Nichterfüllung dieser Verpflichtungen vorbehalten werden.

5) Durch den Rücktritt des Verkäufers von dem Vertrage wird das eingegangene Kaufgeschäft aufgelöst; das Eigenthum der verkauften und übergebenen Sache fällt dadurch an den Verkäufer zurück und dem Käufer erwächst daher die Verpflichtung, den Verkäufer in den Besitz der ihm gehörigen Sache zu setzen; dies stimmt mit dem bisherigen Recht überein. Die Neuerung des Gesetzes vom 16. Mai 1894 liegt aber darin, daß der Verkäufer in jedem Falle und zwar auch dann, wenn das Gegentheil im Vertrag verabredet sein sollte, verpflichtet ist, seinerseits dem Käufer die von ihm auf Grund des aufgelösten Vertrages geleisteten Theilzahlungen vorbehaltlich gewisser vom Gesetz festgestellter Abzüge wieder herauszuzahlen. Da nach § 3 des Gesetzes die aus den §§ 1 u. 2 fließenden gegenseitigen Verpflichtungen Zug um Zug zu erfüllen sind, so hat der im Besitz befindliche Käufer der Waare die Befugniß, die Rückgabe der Waare zu verweigern, bis der Verkäufer die ihm obliegenden Leistungen erfüllt oder mit der Annahme der Leistungen den Käufer in Verzug gesetzt hat. Nach der Erklärung des Rücktritts Seitens des Verkäufers kann dem Käufer aber ein Recht auf Gebrauch oder Benutzung der Sache nicht mehr zugestanden werden. — Das Recht des Rücktritts, das mit jeder fälligen Ratenzahlung für den Verkäufer neu entsteht, geht jedesmal wieder verloren, sobald er eine Abschlagszahlung auf eine fällige Ratenzahlung annimmt (A.L.R. I, 11, § 267); nach gemeinem Recht auch schon dann, wenn er vom Käufer nach der Fälligkeit der Rate Zahlung fordert (L. 7. D. 18, 3). Für das Gebiet des rheinischen Rechts ist durch Urtheil des Reichsgerichts vom 20. Juni 1884 (R.G.E. B. XI S. 361) entschieden, daß mit der Cession eines Theils seiner Kaufpreisforderung sich der Verkäufer des Rücktrittsrechts (Resiliationsrechts) begiebt.

6) Die Bestimmung, daß im Falle der Verkäufer von seinem

Rücktrittsrecht Gebrauch macht, jeder Theil verpflichtet ist, dem anderen Theil die empfangenen Leistungen zurückzugewähren, ist das Prinzip des Gesetzes, welches für diesen Fall den Zustand, der vor Abschluß des Vertrages bestand, thunlichst wiederhergestellt wissen will (Motive zu § 1 S. 6). Die im § 2 enthaltenen Vorschriften über das, was der Käufer außer der Zurückgewährung der von ihm benutzten Sache dem Verkäufer zu leisten hat, ändern an diesem Prinzip nichts, sondern führen es aus, indem sie auf eine gerechte Ausgleichung des Schadens hinwirken, welchen der Verkäufer leiden würde, wenn er die erhaltenen Theilzahlungen vollständig gegen Empfang der vom Käufer benutzten Sache herausgeben müßte.

7) Nach Artikel 1184 des Code civil:

La condition résolutoire est toujours sous-entendue dans les contrats synallagmatiques, pour le cas, où l'une des deux parties ne satisfera point à son engagement.	Die auflösende Bedingung wird bei allen zweiseitigen Verträgen für den Fall, wo einer von beiden Theilen seinem Versprechen kein Genüge leistet, stillschweigend als gewollt angesehen.
Dans ce cas, le contrat n'est point résolu de plein droit. La partie envers laquelle l'engagement n'a point été exécuté, a le choix ou de forcer l'autre à l'exécution de la convention, lorsqu'elle est possible, ou d'en demander la résolution avec dommages et intérêts.	Der Vertrag ist jedoch in solchem Fall nicht kraft Gesetzes aufgelöst. Der Theil, welchem das ihm gegebene Versprechen nicht erfüllt wurde, hat die Wahl, entweder den anderen zur Erfüllung des Vertrags, wenn diese noch möglich ist, zu zwingen, oder dessen Aufhebung nebst vollständiger Schadloshaltung zu verlangen.
La résolution doit être demandée en justice, et il peut être accordé au défendeur un délai selon les circonstances.	Die Aufhebung muß vor Gericht nachgesucht und es kann dem Beklagten nach Lage des Falls ein Aufschub verstattet werden.

braucht im Gebiet des Rheinischen Rechts die auflösende Bedingung (kassatorische Klausel) bei gegenseitigen Verträgen nicht ausdrücklich verabredet zu werden. Das Gesetz selbst giebt jeder Partei das Recht für den Fall, daß eine der beiden Parteien ihren Verpflichtungen nicht genügt, die Auflösung des Vertrages im gerichtlichen Verfahren herbeizuführen. Ueberdies bestimmt Artikel 1654 Code civil:

Si l'acheteur ne paye pas le prix, le vendeur peut demander la résolution de la vente.	Wenn der Käufer den Kaufpreis nicht zahlt, kann der Verkäufer die Aufhebung des Verkaufs verlangen.

Hiermit stimmen überein Art. 1184 und 1654 des Badischen Landrechts. Jeder im Gebiet des Rheinischen Rechts geschlossene Abzahlungskauf über eine dem Käufer übergebene Sache und jedes in diesem Gebiet in anderer Rechtsform als dem Kauf geschlossenes Abzahlungsgeschäft (§ 6) giebt also dem Verkäufer oder Veräußerer das Recht, wegen Nichterfüllung der dem Gegenkontrahenten obliegenden Verpflichtungen, sofern diese Verpflichtungen nicht etwa ganz unwesentlicher Natur sind (Urtheil des Reichsgerichts vom 20. Januar 1880. R.G.E. Bd. I, S. 217) die Auflösung des Vertrags beim Gericht nachzusuchen. Macht er von diesem Recht Gebrauch, so greifen die Bestimmungen des Gesetzes vom 16. Mai 1894 Platz. Jedoch wird im Gebiet des Rheinischen Rechts auch jetzt noch der Richter dem Beklagten in den Fällen, wo dies bisher zulässig war, einen Aufschub zur Erfüllung der ihm obliegenden Vertragsleistungen gewähren können, da dieses richterliche Recht nur eine Einschränkung des Rechts des Geschädigten, die Auflösung des Vertrags zu verlangen, in sich schließt, an dem Umfang dieses Rechts aber durch das Gesetz vom 16. Mai 1894 nichts geändert worden ist Darüber, daß Art 1184 Abs. 3 des Code civil durch § 14, R. 4 des Einf.Ges. zur Deutschen Civilprozeßordnung nicht beseitigt ist, vgl. die Erwägungsgründe der Erkenntnisse des Reichsgerichts vom 10. Februar 1880 u. 7. März 1882 (R.G.E. in Civilsachen Bd. 1, S. 56, Bd. 6 S. 332).

§. 2.

Der Käufer¹) hat im Falle des Rücktritts dem Verkäufer für die in Folge des Vertrages gemachten Aufwendungen, sowie für solche Beschädigungen der Sache Ersatz zu leisten, welche durch ein Verschulden des Käufers oder durch einen sonstigen von ihm zu vertretenden Umstand verursacht sind.[2]) Für die Ueberlassung des Gebrauchs oder der Benutzung[3]) ist deren Werth zu vergüten, wobei auf die inzwischen eingetretene Werthminderung der Sache Rücksicht zu nehmen ist.[4]) Eine entgegenstehende Vereinbarung, insbesondere die vor Ausübung des Rücktrittsrechts erfolgte vertragsmäßige Festsetzung einer höheren Vergütung, ist nichtig.[5])

Auf die Festsetzung der Höhe der Vergütung finden die Vorschriften des §. 260 Absatz 1 der Civilprozeßordnung entsprechende Anwendung.[6])

[1]) Wie in Note 7 zu § 1 schon bemerkt ist, dient § 2 lediglich zur Ausführung des dem Gesetz zu Grunde liegenden Prinzips, daß im Fall des Rücktritts des Verkäufers jeder Theil verpflichtet ist, dem andern die empfangenen Leistungen zurückzugewähren, indem § 2 festsetzt, was der Käufer neben der Rückgewähr der von ihm benutzten Sache an den Verkäufer zu leisten hat. Er hat aber zu leisten:

a) Ersatz der Aufwendungen, welche der Verkäufer auf Grund des Vertrags oder in Veranlassung desselben gemacht hat, z. B. Transportkosten der dem Käufer übergebenen Sache;
b) Ersatz des Minderwerths der Sache, welche in der Zeit ihres Gebrauchs oder ihrer Benutzung Seitens des Käufers durch Beschädigungen eingetreten ist, insofern diese Beschädigungen durch ein Verschulden des Käufers oder durch einen sonstigen von ihm zu vertretenden Umstand verursacht sind;
c) Ersatz des Minderwerths der Sache, welcher durch den bloßen Ablauf der Zeit und durch die bloße Thatsache der erfolgten Benutzung eingetreten ist, soweit die Pflicht, diesen Minderwerth

zu ersetzen, nicht durch den Ersatz des unter N. 2 aufgeführten Minderwerths im einzelnen Falle bereits gedeckt ist;

d) eine Vergütung für den dem Käufer gewährten Gebrauch oder die Benutzung der Sache.

Da nun nach § 3 die aus den §§ 1 und 2 fließenden gegenseitigen Verpflichtungen Zug um Zug zu erfüllen sind, so darf der Verkäufer bei der ihm obliegenden Rückzahlung der empfangenen Theilzahlungen Alles in Abzug bringen, was er auf Grund des § 2 vom Käufer zu fordern berechtigt ist. Die Verständigung der Parteien über das, was sie sich gegenseitig nach Auflösung des Abzahlungsgeschäfts zu leisten haben, wird also davon abhängen, ob sie sich über die Höhe der Summe einigen, welche der Verkäufer von den ihm geleisteten Theilzahlungen für sich zurückbehalten darf.

²) Beschädigungen, welche die zurückgewährte Sache durch das Verschulden eines Dritten oder durch einen sonstigen von diesem Dritten zu vertretenden Umstand in der Zeit der Benutzung Seitens des Käufers gelitten hat, hat dieser Dritte dem Verkäufer, der durch die Auflösung des Vertrages das Eigenthumsrecht an der Sache und damit die Forderung auf Schadensersatz gegen den Beschädiger der Sache erlangt hat, zu ersetzen. Hat aber der Käufer in der Zwischenzeit schon den Ersatz vom Dritten erlangt, so muß er diesen Ersatz dem Verkäufer nach Auflösung des Vertrages herausgeben. Die amtlichen Motive (zu § 2 S. 6) betonen, daß zu den Beschädigungen, welche von dem Käufer zu ersetzen sind, alle Beschädigungen gehören, welche durch nicht ordnungsmäßigen Gebrauch der Sache Seitens des Käufers entstanden sind.

³) Die Wortfassung: „Die Ueberlassung des Gebrauchs oder der Benutzung" statt „überlassener Nutzung" ist von der IX. Kommission beschlossen worden; vgl. Anhang I. Die Aenderung ist lediglich redaktioneller Art. Daß beim Kauf und Verkauf einer Sache auf Abzahlung dem Käufer die weitgehendste Benutzung der übergebenen Sache, insbesondere also auch der Fruchtbezug, sofern die Sache Früchte bringt (z. B. bei verkauftem Vieh: Wolle, Junge, Dünger) zusteht, folgt aus der Natur des Kaufvertrags; es wird aber dasselbe im Zweifel auch bei allen sonstigen Abzahlungsgeschäften, z. B. bei

der Viehleihe anzunehmen sein. Die Früchte sind aber nach Auflösung des Vertrags, auch soweit sie in Natur vorhanden sind, nicht vom Käufer dem Verkäufer zurückzugeben: der Letztere braucht sie wenigstens nicht anzunehmen, da er Ersatz des Werths derselben in der Vergütung verlangen kann, die ihm auf Grund des § 2 für die Ueberlassung der Benutzung der Sache, zu der eben die Früchte gehören, zusteht.

[4]) Der Satz „wobei auf die inzwischen eingetretene Werthminderung der Sache Rücksicht zu nehmen ist," fand sich nicht in dem Entwurf vom 13. Dezember 1893. In der Begründung zu § 2 (S. 6) war vielmehr gesagt: „Hierbei (nämlich bei Bemessung der Entschädigung, welche der Käufer für die Ueberlassung des Gebrauchs oder der Benutzung zu zahlen hat) ist selbstverständlich auf die Verringerung des Verkehrswerths, den z. B. neue Möbel durch eine, wenn auch nur kurze Benutzung erleiden, gebührende Rücksicht zu nehmen." Der Reichstag stellte aber auf Antrag des Abg. Enneccerus, um alle Zweifel abzuschneiden, jenen Satz in das Gesetz ein. Die Konsequenz desselben ist, daß der Käufer dem Verkäufer nach Auflösung des Vertrags, sofern diese Auflösung durch Rücktritt des Verkäufers auf Grund seines Rechts hierzu erfolgt ist, in der Vergütung, die er dem Verkäufer für den Gebrauch oder die Benutzung der Sache schuldet, nicht bloß jede Werthminderung der Sache ersetzen muß, welche dadurch eingetreten ist, daß die Sache eine gewisse Zeit lang gebraucht oder benutzt worden ist, ein Fall, den die Motive im Auge hatten, sondern auch jede Werthminderung ersetzen muß, die durch den bloßen Zeitablauf eingetreten ist. Dies ergiebt sich aus dem unzweideutigen Wortlaut der jetzigen Fassung. Durch den bloßen Zeitablauf können viele Waaren, insbesondere wenn sie der Mode unterworfen sind, z. B. Hüte, Kleider, auch Möbel, einen bedeutenden Minderwerth erfahren. Mindert sich daher eine auf Abzahlung verkaufte Sache infolge Änderung der Mode in ihrem Werth, und es kommt zum Rücktritt des Verkäufers, weil Käufer seine Verpflichtungen nicht erfüllt, so hat der Käufer für den durch den Wechsel der Mode verursachten Minderwerth der Sache den Verkäufer schadlos zu halten. Natürlich kann aber Ersatz für eine Werth-

minderung, welche durch den bloßen Zeitablauf oder durch die bloße Thatsache der stattgefundenen Benutzung eingetreten ist, nur insoweit gefordert werden, als diese Werthminderung der Sache nicht durch den Ersatz gedeckt wird, der für Beschädigungen der Sache geleistet wird, und endlich kann der Verkäufer auch nicht verlangen, daß etwa um den Grad der Werthminderung festzustellen, der jetzige Werth der Sache mit dem bei dem Abzahlungskauf verabredeten Kaufpreise in Vergleich gestellt werde. Die Werthminderung, welche die Sache erfahren hat, besteht lediglich in der Differenz zwischen dem wirklichen Werth, den die Sache zur Zeit des Vertragsabschlusses hatte, und dem wirklichen Werth, den die Sache zur Zeit der Auflösung des Vertrags hat; diese Differenz wird natürlich stets viel geringer sein, als die Differenz zwischen dem verabredeten Kaufpreise und dem wirklichen Werth zur Zeit der Vertragsauflösung. Dem freien Ermessen des erkennenden Richters mußte daher vom Gesetz für die ihm bei Nichteinigung der Parteien obliegende Bemessung der nach § 2 des Gesetzes vom Käufer zu leistenden Vergütung weitester Spielraum gewährt werden, wie dies dann auch in Abs. 2 des Paragraphen durch die Anwendbarkeitserklärung des § 260, Abs. 1 der Civilprozeßordnung geschehen ist.

[5]) Jede den §§ 1 und 2 des Gesetzes vom 16. Mai 1894 entgegenstehende Partei-Vereinbarung, die vor Rücktritt des Verkäufers erfolgte, ist nichtig; Vereinbarungen, die nach Auflösung des Vertrags von den Parteien behufs Ausführung der auf Grund der §§ 1 u. 2 ihnen obliegenden gegenseitigen Verpflichtungen geschlossen sind, werden jedoch nicht deshalb, weil sie thatsächlich den Vorschriften der §§ 1 u. 2 widersprechen, der Nichtigkeit unterliegen. Bezüglich einer zwischen den Parteien nach Auflösung des Vertrags zu Stande gekommenen Einigung über die Höhe der vom Käufer für die Ueberlassung des Gebrauchs oder der Benutzung der Sache zu gewährenden Vergütung ist dies in den Motiven ausdrücklich anerkannt.

[6]) § 260 Abs. 1 der Civilprozeßordnung:

„Ist unter den Parteien streitig, ob ein Schaden entstanden sei, und wie hoch sich der Schaden oder ein zu ersetzendes Interesse belaufe, so entscheidet hierbei das Gericht unter Würdigung aller

Umstände nach freier Ueberzeugung. Ob und inwieweit eine beantragte Beweisaufnahme oder von Amtswegen die Begutachtung durch Sachverständige anzuordnen sei, bleibt dem Ermessen des Gerichts überlassen. Das Gericht kann anordnen, daß der Beweisführer den Schaden oder das Interesse eidlich schätze. In diesem Falle hat das Gericht zugleich den Betrag zu bestimmen, welchen die eidliche Schätzung nicht übersteigen darf."

Dem freien Ermessen des Richters mußte aus den in Note 4 angedeuteten Gründen bei Bemessung der Höhe der Vergütung, welche der Käufer für Ueberlassung des Gebrauchs oder der Benutzung zu leisten hat, der weiteste Spielraum gewährt werden.

§. 3.

Die nach den Bestimmungen der §§. 1, 2 begründeten gegenseitigen Verpflichtungen sind Zug um Zug zu erfüllen.

¹) Zug um Zug werden gegenseitige Verpflichtungen erfüllt, wenn sie von den Parteien gleichzeitig, soweit dies nach der Natur der Dinge möglich ist, erfüllt werden. Zur Voraussetzung hat also diese Art der Erfüllung, daß die Parteien darüber einig sind, in wie weit sich ihre gegenseitigen Verpflichtungen kompensiren. „Die Bestimmung des § 3," heißt es daher in den Motiven, „bringt zum Ausdruck, daß einerseits der Käufer die Sache nur zurückzugeben braucht, wenn ihm gleichzeitig die Leistungen zurückgewährt werden, deren Rückgewährung er zu beanspruchen hat, und daß andrerseits der Verkäufer von den empfangenen Zahlungen den Betrag in Abzug bringen darf, der zur Deckung seiner nach § 2 begründeten Ansprüche erforderlich ist." Da den Verkäufer die Beweislast trifft, falls der Käufer bestreitet, daß die Abzüge in der vom Verkäufer beabsichtigten Höhe gemacht werden dürfen, so ist die Stellung des Verkäufers, wenn er vom Vertrage zurücktritt, weil der Käufer seine Verpflichtungen nicht erfüllt hat, prozessualisch viel schwieriger als

die des Käufers. Ueberdies wird der Verkäufer, auch im Falle des Obsiegens im Rechtsstreite von dem Käufer sehr oft den Ersatz der Prozeßkosten nicht erlangen können. Der Gesetzgeber hat indessen an diese, von ihm sehr wohl erkannte, ungünstige Stellung, welche der Verkäufer im Prozesse hat, die Erwartung knüpfen zu dürfen gemeint, daß die Aussicht hierauf in Verbindung mit der Gefahr, auch im Falle des Obsiegens den Ersatz der Prozeßkosten von dem Käufer nicht erlangen zu können, dazu beitragen werde, die „Abzahlungshändler" einer gütlichen Einigung geneigt zu machen. (Motive zu § 2.)

§. 4.

Eine wegen Nichterfüllung der dem Käufer obliegenden Verpflichtungen verwirkte Vertragsstrafe[1]) kann, wenn sie unverhältnißmäßig hoch ist, auf Antrag des Käufers durch Urtheil auf den angemessenen Betrag herabgesetzt werden.[2]) Die Herabsetzung einer entrichteten Strafe ist ausgeschlossen.[3])

Die Abrede, daß die Nichterfüllung der dem Käufer obliegenden Verpflichtungen die Fälligkeit der Restschuld zur Folge haben solle,[4]) kann rechtsgültig nur für den Fall getroffen werden, daß der Käufer mit mindestens zwei auf einander folgenden Theilzahlungen ganz oder theilweise im Verzug ist und der Betrag, mit dessen Zahlung er im Verzug ist, mindestens dem zehnten Theile des Kaufpreises der übergebenen Sache gleichkommt.

[1]) Eine Vertragsstrafe wird nach dem Inkrafttreten des Gesetzes für den Fall, daß der Verkäufer von seinem Rücktrittsrecht Gebrauch macht, mit rechtlicher Wirkung dem Käufer überhaupt nicht mehr auferlegt werden können. Denn, macht der Ver-

käufer von seinem Rücktrittsrecht Gebrauch, so treten die Bestimmungen des Gesetzes ohne Weiteres in Kraft, und der Käufer ist nur zu den ihm durch das Gesetz auferlegten Leistungen verpflichtet. Wohl aber würden Vertragsstrafen zu Ungunsten des Käufers auch künftighin für den Fall verabredet werden können, daß der Verkäufer von seinem Rücktrittsrecht keinen Gebrauch macht (vgl. Motive zu § 4).

[3]) Die Herabsetzung einer Vertragsstrafe auf den angemessenen Betrag durch das richterliche Urtheil war dem bisherigen Recht in dem weiten Umfange, wie er durch das Gesetz vom 16. Mai 1894 vorgesehen ist, fremd. Das Allgemeine Landrecht, welches in Uebereinstimmung mit dem französischen Gesetzbuch in der Vertragsstrafe (Konventionalstrafe, clause pénale) den im Voraus bestimmten Anschlag des Interesses sieht (A.A.R. I 5, § 292; C. c. Art. 1226), verpflichtet zwar den Richter eine den doppelten Betrag des Interesses übersteigende Konventionalstrafe auf diesen doppelten Betrag zu ermäßigen (A.L.R. I, 5, § 301), und das französische Gesetzbuch giebt dem Richter für den Fall, daß der Schuldner seine Verpflichtungen zum Theil erfüllt hat, das Recht, die Strafen zu ermäßigen (C. c. Art. 1231); bei Handelsgeschäften aber kann, wie Art. 284 des H.G.B. ausdrücklich anordnet, die Konventionalstrafe das Doppelte des Interesses übersteigen; sie unterliegt in Ansehung des Betrags keiner Beschränkung (freilich unbeschadet der Bestimmung des Art. 1231 des C. c. nach der Entsch. des fr. Reichs-Oberhandelsgerichts vom 26. Juni 1876. E. XX, S. 185). Art. 284 des H.G.B. wird nun aber jetzt bei Handelsgeschäften, wenn sie sich als Abzahlungsgeschäfte im Sinne des Gesetzes vom 16. Mai 1894 darstellen, was nach wie vor der häufigste Fall sein wird, nur dann zur Anwendung kommen können, wenn der Empfänger der Waare als Kaufmann in das Handelsregister eingetragen ist (§ 8). Ist der Empfänger der Waare kein in das Handelsregister eingetragener Kaufmann, so wird nun, auch wenn im Uebrigen auf das geschlossene Abzahlungsgeschäft die Bestimmungen des Handelsgesetzbuchs über Handelsgeschäfte anzuwenden sind, die zwischen den Parteien vereinbarte Konventionalstrafe durch richterliches Urtheil auf den dem Gericht angemessen scheinenden Betrag herabgesetzt werden können, falls das Gericht sie

für „unverhältnißmäßig hoch" erachtet. In Bezug darauf, was als „unverhältnißmäßig hoch" und „angemessen" bezüglich der verabredeten Strafe ist, hat der Gesetzgeber dem Ermessen des Gerichts freien Spielraum gelassen.

3) Die Herabsetzung einer entrichteten Vertragsstrafe ist zwar ausgeschlossen; es wird jedoch nicht als ausgeschlossen gelten können, daß das Gericht eine entrichtete Vertragsstrafe bei Festsetzung der dem Verkäufer für die Ueberlassung des Gebrauchs oder der Benutzung der Sache zustehenden Vergütung zu Gunsten des Käufers berücksichtigt Denn jene Vergütung stellt ein dem Verkäufer vom Käufer zu ersetzendes Interesse dar, bei dessen Bemessung das Gericht nach § 260, Abs. 1 der C.P.O. unter Würdigung aller Umstände verfahren soll.

4) Die Abrede, daß die Nichterfüllung der dem Käufer obliegenden Verpflichtungen die Fälligkeit der Restschuld zur Folge haben solle, steht, wie die Motive hervorheben, mit der Natur des Abzahlungsgeschäfts insofern in Widerspruch, „als der Verkäufer unter Entziehung der Kreditgewährung einen Preis fordert, der in dieser Höhe nur mit Rücksicht auf die Kreditirung normirt worden ist." Der Gesetzgeber hat daher diese Abrede zwar nicht vollständig verbieten wollen, jedoch bestimmt, daß sie nur für den von ihm normirten Fall verabredet werden darf. Abs. 2

5) Die Theilzahlungen, mit deren Leistung der Schuldner im Verzug ist, müssen zwei aufeinanderfolgende Theilzahlungen sein. Leistet daher ein Schuldner, sobald er mit einer Theilzahlung (ganz oder theilweis) im Rückstand geblieben, die nachfolgende Theilzahlung, so tritt der Verfall der Restschuld nicht ein. Der Gläubiger hat nicht das Recht, das vom Schuldner auf eine bestimmte, fällig gewordene Rate des Kaufpreises Gezahlte auf andere, bereits fällig gewordene Raten, mit deren Begleichung der Schuldner im Rückstande ist, anzurechnen.

6) In dem Entwurf war gesagt, daß der Betrag, mit dessen Zahlung der Käufer im Verzuge sei, mindestens dem zehnten Theil des Kaufpreises gleichkommen müsse. Auf Antrag des Abg. Enneccerus

wurden vom Reichstag die Worte „der übergebenen Sache" hinzugefügt. Es geschah dies im Hinblick auf Fälle, wo die Waare, die den Gegenstand eines Kaufgeschäfts bildet, aus verschiedenen Theilen besteht, und die Theile vom Verkäufer dem Käufer nicht gleichzeitig, sondern nach und nach und zu einer den verabredeten Zahlungsterminen vorausliegenden Zeit geliefert werden, Fälle, auf welche eine beim Reichstag eingegangene Petition des Börsenvereins der deutschen Buchhändler aufmerksam gemacht hatte. Dort hieß es mit Bezug auf § 4 Abs. 2 des Gesetz-Entwurfs:

> Es erscheint uns zweifelhaft, ob der Kaufpreis des ganzen Vertragsgegenstandes oder der Kaufpreis der bereits gelieferten Theile desselben gemeint ist. Im ersteren Falle würde die Bestimmung zu einer Verminderung des Kredits der Unbemittelten führen. Denn der Verkäufer, der nicht die ganze Sache übergeben kann, wie z. B. der Buchhändler bei allmählich bandweise erscheinenden Werken, und der sich daher auch die Fälligkeit der Restschuld nur bis zur Höhe des Kaufpreises der bereits gelieferten Theile der Sache ausbedingt, würde sich genöthigt sehen, kürzere Fristen zu machen, um in nicht zu langer Zeit die Möglichkeit des Rücktritts vom Vertrage zu gewinnen.

Für Fälle der hier beschriebenen Art ist also in Folge der Annahme des Antrags Enneccerus jeder Zweifel beseitigt. Unter den § 4 Abs. 2 fallen aber keineswegs Abreden bei einem Kaufvertrage, wonach ein gewisser Theil des Preises fällig werden soll, wenn ein diesem Preis entsprechender Theil der Waare geliefert worden ist. Die Gültigkeit einer solchen Verabredung kann weder davon abhängig sein, ob der Käufer mit mindestens zwei auf einander folgenden Theilzahlungen, die bereits früher fällig wurden, ganz oder theilweise im Rückstande geblieben ist, noch davon, ob der Betrag, mit dessen Zahlung er im Rückstande ist, irgend einem Theil des Kaufpreises gleichkommt. In Fällen der letzteren Art liegt eine Abrede über Fälligwerden einer Restschuld überhaupt nicht vor.

§. 5.

Hat der Verkäufer auf Grund des ihm vorbehaltenen Eigenthums die verkaufte Sache wieder an sich genommen, so gilt dies als Ausübung des Rücktrittsrechts.

[1]) Ein Verkauf mit dem Vorbehalt des Eigenthums (pactum reservati dominii) — ein Vorbehalt, dem im Königreich Sachsen, Württemberg, Sachsen-Weimar, Oldenburg, Braunschweig, Anhalt und Bremen bei verkauften Sachen, die dem Käufer übergeben worden sind, die dingliche Wirksamkeit entzogen ist — ist in seinen rechtlichen Folgen von einem Verkauf, bei welchem sich der Verkäufer das Recht zum Rücktritt vom Vertrage für den Fall, daß der Käufer seine Verpflichtungen nicht erfüllt, ausbedungen hat, durchaus verschieden. Hat sich der Verkäufer das Recht zum Rücktritt vorbehalten, so ist der Kauf unter einer Resolutiv-Bedingung geschlossen (Kauf mit Kassationsklausel, emtio venditio sub lege commissoria). Das Eigenthum an der verkauften und übergebenen Sache steht dem Käufer in der Zeit der schwebenden Resolutiv-Bedingung bereits zu und fällt an den Verkäufer nur bei Eintritt der Resolutiv-Bedingung zurück. Beim Kauf mit Eigenthumsvorbehalt erlangt aber der Käufer an der ihm verkauften und übergebenen Sache erst dann das Eigenthum, wenn er den ihm kreditirten Kaufpreis vollständig gezahlt hat. Bis dahin kann der Verkäufer die verkaufte Sache, deren Besitz er dem Käufer eingeräumt hat, als sein Eigenthum zurückfordern (vindiziren), und der Käufer, der bis dahin über die Substanz der Sache verfügt, begeht eine Unterschlagung (R.G.E. in Strafsachen. Bd. II S. 132). Ob freilich bei dem im Gebiete des Allgemeinen Landrechts geschlossenen Kaufverträgen mit Eigenthumsvorbehalt im einzelnen Falle von den Parteien ein Kauf mit kassatorischer Klausel (lex commissoria) oder ein Kauf mit wahrem Eigenthumsvorbehalt (pactum reservati dominii) beabsichtigt worden ist, ist Sache der Interpretation (Erk. des vormaligen Ober-Tribunals vom 22. September 1869, Striethorst, Archiv Bd. 73, S. 254), da

das allgemeine Landrecht die mit der kassatorischen Klausel geschlossenen Kaufverträge als Kaufverträge mit Eigenthumsvorbehalt bezeichnet. (A.L.R. I 11, § 261, § 262, § 266.) Liegt aber ein Kauf mit Eigenthumsvorbehalt im eigentlichen Sinne vor, so kann auch im Gebiet des Allgem. Landrechts der Verkäufer sich nicht allein, wie bereits gesagt, bis zur vollständigen Zahlung Seitens des Käufers in den Besitz der verkauften und dem Käufer übergebenen Sache setzen, sondern er kann auch, da die Zurücknahme der ihm eigenthümlich gehörenden Sache den Kaufvertrag selbst unberührt läßt, die empfangenen Zahlungen behalten und auf Zahlung des rückständigen Kaufpreises klagen. Erst wenn er vollständige Zahlung des Kaufpreises erhalten hat, muß er die Sache, an der nun der Käufer das Eigenthum erworben hat, diesem herausgeben. Das Gesetz vom 16. Mai 1894 bestimmt nun aber, daß bei dem mit Eigenthumsvorbehalt geschehenen Verkauf einer dem Käufer übergebenen **beweglichen** Sache, deren Kaufpreis in Theilzahlungen berichtigt werden soll, es als Ausübung des Rücktrittsrechts gelten solle, wenn der Verkäufer auf Grund des ihm vorbehaltenen Eigenthums die verkaufte Sache wieder an sich genommen hat. In den Fällen also, wo Kaufgeschäfte mit Eigenthumsvorbehalt Abzahlungsgeschäfte im Sinne der §§ 1—6 des Gesetzes sind, darf der Verkäufer, so bald er einmal sein vorbehaltenes Eigenthumsrecht geltend gemacht hat, jetzt nicht mehr die empfangenen Theilzahlungen zurückbehalten, noch viel weniger auf Leistung weiterer Theilzahlungen klagen; er hat vielmehr dann die erhaltenen Theilzahlungen vorbehaltlich dessen, was er auf Grund des § 2 des Gesetzes davon zurückbehalten darf, dem Käufer zurückzuzahlen. Die Motive bemerken, daß in denjenigen Gebieten, wo dem Eigenthumsvorbehalt die dingliche Wirksamkeit entzogen ist, die Vorschrift des § 5 in entsprechender Weise zur Anwendung zu kommen habe, wie dies im § 6 vorgesehen sei, sowie, daß eine Zurücknahme der Sache im Sinne des § 5 überall da anzunehmen sei, wo der Verkäufer auf Grund des Eigenthumsvorbehaltes die verkaufte Sache dem Käufer entzieht, sie z. B. zum öffentlichen Verkauf bringt.

[9]) Der Wortlaut des Gesetzes faßt allerdings nur den Fall ins

Auge, wo der Verkäufer die verkaufte Sache auf Grund des Eigenthumsvorbehalts bereits wieder an sich genommen hat. Es ist aber anzunehmen, daß das Gesetz auch die Fälle, wo der Verkäufer die Zurückgabe der Sache auf Grund des Eigenthumsvorbehalts vom Käufer, der noch in ihrem Besitze ist, forbert, in entsprechender Weise behandelt wissen will, so daß demnach der im Besitz der Sache befindliche Käufer dem Verkäufer, der die Herausgabe der Sache auf Grund des Eigenthumsvorbehalts fordert, sie nur gegen Empfang der dem Verkäufer auf Grund des Gesetzes vom 16. Mai 1894 obliegenden Leistungen zurückzugeben braucht. (§ 3 des Gesetzes.)

§. 6.

Die Vorschriften der §§. 1 bis 5 finden auf Verträge, welche darauf abzielen, die Zwecke eines Abzahlungsgeschäfts [1]) (§. 1) in einer anderen Rechtsform, insbesondere durch miethweise Ueberlassung der Sache [2]) zu erreichen, entsprechende Anwendung, gleichviel ob dem Empfänger der Sache ein Recht,[3]) später deren Eigenthum zu erwerben, eingeräumt ist oder nicht.

[1]) Mit den Zwecken des Abzahlungsgeschäfts, von denen das Gesetz spricht, sind, wie die Motive ergeben, die wirthschaftlichen Zwecke gemeint, welche durch Kaufverträge auf Abzahlung (§ 1 des Gesetzes) verfolgt werden. Verträge also, die in irgend einer Rechtsform darauf abzielen, jene wirthschaftlichen Zwecke zu erreichen, fallen unter die Vorschriften des Gesetzes vom 16. Mai 1891. Ob nun im einzelnen Fall ein Geschäft als Abzahlungsgeschäft im Sinne des Gesetzes anzusehen ist, wird jedesmal Sache der richterlichen Entscheidung sein. Da jedoch die wirthschaftlichen Zwecke des Abzahlungsgeschäfts sich wohl dahin charakterisiren lassen, daß Abzahlungsgeschäfte den Erwerb einer Mobilie zu Eigenthum und zugleich die Ueberlassung der Mobilie zum Gebrauch oder zur Benutzung des Erwerbers auch schon für die Zeit bezwecken, wo der

Erwerbspreis für die Mobilie noch nicht vollständig gezahlt ist, so werden als Abzahlungsgeschäfte im Sinne des Gesetzes nicht gelten können:

1. Verträge, bei denen ein Eigenthumswechsel einer Mobilie von den Parteien überhaupt nicht beabsichtigt ist. Jedoch ist das Nicht-Vorhandensein eines Abzahlungsgeschäfts nicht schon deshalb anzunehmen, weil die Absicht des Eigenthumswechsels im Vertrage nicht zum Ausdruck gebracht ist; am allerwenigsten braucht dem Empfänger der Sache ein Recht, später deren Eigenthum zu erwerben, eingeräumt zu sein. Es genügt, daß der Eigenthumswechsel als in der Absicht der Parteien gelegen vom Richter angenommen werden kann. (Vgl. Motiv zu § 6.)
2. Verträge, in deren Verfolg die Mobilien, die den Gegenstand des Vertrags bilden, demjenigen, der Zahlungen aus dem Vertrag zu leisten hat, oder für dessen Rechnung Zahlungen zu leisten sind, nicht schon für die Zeit, wo die bedungenen Zahlungen noch nicht vollständig geleistet sind, zum Gebrauch oder zur Benutzung überlassen worden sind.
3. Verträge, bei welchen dem Veräußerer der Mobilie kein Recht ausbedungen worden ist, den Gebrauch oder die Benutzung der Mobilie, die dem andern Theil überlassen wird, diesem auf irgend eine Art entweder selbst oder durch eine Mittelsperson wieder zu entziehen.

[2]) Die miethweise Ueberlassung der Sache (Viehleihe, Möbelleihvertrag u. s. w.) ist für die Verträge, welche in einer anderen Rechtsform als dem Kauf die wirthschaftlichen Zwecke eines Abzahlungsgeschäfts zu erreichen suchen und auf die deshalb §§ 1 bis 5 des Gesetzes entsprechende Anwendung zu finden haben, als bezeichnendes und in der Praxis am häufigsten anzutreffendes Beispiel vom Gesetzgeber gewählt worden (vgl. die im Anhang II mitgetheilten Formulare für Möbelleihverträge. Die juristische Natur des Möbelleihvertrages erörterte zuerst E. v. Brünneck (1866) in Gruchot's Beiträgen zur Erläuterung des preußischen Rechts (Bd. X, S. 339), dessen Ansicht sich Hausmann „Die Veräußerung beweglicher Sachen gegen Ratenzahlung" Berlin 1891 angeschlossen hat. Nach

Brünneck und Hausmann ist der Möbelleihvertrag ein Miethsvertrag, der sich unter einer Bedingung in einen Kauf umwandeln soll, welche sich für letzteren als eine Suspensivbedingung, für den Miethsvertrag dagegen als eine Resolutivbedingung darstellt und mit ihrer Existenz den Uebergang des Eigenthums der Möbel auf den Miether im Wege der brevi manu traditio bewirkt. Hiermit im Wesentlichen übereinstimmend, lehrt Dernburg (Lehrbuch des Preußischen Privatrechts II, S. 406, 3. Aufl.) unter Verweisung auf die von Gaius, Inst. III § 146 mitgetheilte Vertrags-Kombination von Kauf und Miethe, daß der Möbelleihvertrag zunächst Miethe sei, die sich auflöse, wenn das Geschäft in Kauf übergehe, und daß das Geschäft, weil dessen Uebergang in Kauf von vornherein in der Absicht der Parteien liege, in Beziehung auf die Haftung des Veräußerers für Mängel der Sache auch schon zur Zeit, wo es noch Miethe sei, nach den Regeln des Kaufs beurtheilt werden müsse. Dagegen sehen Eccius (Förster-Eccius, Preuß. Privatrecht, 5. Aufl. II S. 73 A a) sowie Staub „Klage und Einrede im Interventionsprozesse" (Juristische Wochenschrift, 1888, S. 301 ff.) in dem Möbelleihvertrag lediglich einen Kaufvertrag; C. Höhne aber („Der sogenannte Leihvertrag" [1885] und „Theorie des sog. Leihvertrags" [1886]) hielt ihn für ein bloßes pactum de vendendo. Der Ansicht aber, daß der Möbelleihvertrag kein aus Miethe und Kauf gemischter Vertrag, sondern ein bloßer Kaufvertrag sei, steht nunmehr auch der Umstand entgegen, daß das Gesetz vom 16. Mai 1894 den Kauf auf Abzahlung von den Abzahlungsgeschäften, die in einer andern Rechtsform geschlossen sind, unterscheidet und als Beispiel für letztere die miethweise Ueberlassung der Sache anführt.

[3]) Während es für den Begriff des Abzahlungsgeschäfts nicht wesentlich ist, ob dem Empfänger der Sache ein Recht, später deren Eigenthum zu erwerben, eingeräumt ist, wird daran festzuhalten sein, daß umgekehrt auf Seiten des Veräußerers ein Recht, dem Empfänger den Gebrauch oder die Benutzung der Sache auf irgend eine Weise zu entziehen, zustehen muß, falls auf das Geschäft die Grundsätze des Gesetzes vom 16. Mai 1894 Anwendung finden sollen.

§. 7.

Wer Lotterieloose, Inhaberpapiere mit Prämien[1]) (Gesetz vom 8. Juni 1871, Reichs-Gesetzbl. S. 210) oder Bezugs- oder Antheilscheine[2]) auf solche Loose oder Inhaberpapiere gegen Theilzahlungen verkauft[3]) oder durch sonstige auf die gleichen Zwecke abzielende Verträge[4]) veräußert, wird mit Geldstrafe bis zu fünfhundert Mark bestraft.[5])

Es begründet keinen Unterschied, ob die Uebergabe des Papiers vor oder nach der Zahlung des Preises erfolgt.[6])

[1]) Nach §. 1 des Gesetzes, betreffend die Inhaberpapiere mit Prämien, vom 8. Juni 1871 (R.G.Bl. Nr. 653, S. 210) sind Inhaberpapiere mit Prämien:

„auf den Inhaber lautende Schuldverschreibungen, in welchen allen Gläubigern oder einem Theile derselben außer der Zahlung der vorgeschriebenen Geldsumme eine Prämie dergestalt zugesichert wird, daß durch Ausloosung oder durch eine andere auf den Zufall gestellte Art der Ermittelung die zu prämiirenden Schuldverschreibungen und die Höhe der ihnen zufallenden Prämien bestimmt werden sollen".

[2]) Der Verkauf von solchen Antheilscheinen an Lotterieloosen, welche kein Miteigenthum am Original-Loose, sondern nur persönliche Ansprüche des Käufers an den Verkäufer begründen, ist auch nach §. 286 des Strafgesetzbuchs strafbar (R.G.E. in Strafsachen IV, 80.)

[3]) Da im §. 7 nicht die Nichtigkeit des verbotswidrig abgeschlossenen Geschäfts ausgesprochen ist, so ist es lediglich Interpretationsfrage, welche civilrechtlichen Folgen sich an das verbotswidrig abgeschlossene Geschäft knüpfen (Dernburg, Lehrbuch des Preuß. Privatrechts. 4. Aufl. Bd. I, S. 174 Note 1). Nun trifft aber die im §. 7 angedrohte Strafe nur den Verkäufer, nicht den Käufer.

Letzterer macht sich also dadurch, daß er Papiere der bezeichneten Art mit der Nebenabrede, den Kaufpreis in Theilzahlungen berichtigen zu wollen, kauft, einer verbotenen Handlung keineswegs schuldig; er wird daher auch aus dem abgeschlossenen Geschäft für sich Rechte und somit auch Verbindlichkeiten des Verkäufers, z. B. auf Auszahlung eines auf das Papier (Loos) gefallenen Gewinns geltend machen dürfen (vgl. Urtheil des Reichsgerichts vom 17. Mai 1887 R.G.E. XVIII, S. 219). Der Verkäufer aber wird aus dem Geschäft keine Rechte ableiten können, da einer etwaigen Geltendmachung seiner Forderungen im Preußischen Recht die Bestimmung des A.L.R. I, 3, § 35 („Aus unerlaubten Handlungen überkömmt der Handelnde zwar Verbindlichkeiten, aber keine Rechte") sowie im Gebiet des Rheinischen Rechts Art. 1133 des Code civil, im gemeinen Recht L. 5. Cod. de legibus (I, 14) entgegenstehen wird.

4) Unter den Verträgen, welche als „auf die gleichen Zwecke abzielende Verträge" hier bezeichnet sind, werden alle Verträge verstanden werden müssen, die einen von den Parteien beabsichtigten Abzahlungsverkauf von Papieren der bezeichneten Art verschleiern sollen.

5) Da die angedrohte Geldstrafe in ihrem Höchstbetrage einhundertundfünfzig Mark übersteigt, so liegt beim Zuwiderhandeln gegen §. 7 ein **Vergehen** des Verkäufers (Veräußerers) vor (§. 1 Abs. 2 des Strafgesetzbuchs). Die nicht beizutreibende Geldstrafe kann in **Haft** oder **Gefängniß** umgewandelt werden (§. 28 des Strafgesetzbuchs). Zuständig sind die Schöffengerichte (§. 27, Nr. 2 des Gerichtsverfassungsgesetzes).

6) Ist die Uebergabe des Papiers erfolgt, so liegen allerdings, Abs. 2.
wenn der Verkäufer sich ein Rücktrittsrecht für den Fall vorbehalten hat, daß der Käufer seine Verpflichtungen nicht erfüllt, die juristischen Merkmale eines Abzahlungsgeschäfts im Sinne der §§. 1—6 des Gesetzes scheinbar vor, und in den Motiven zu §. 6 ist daher gesagt, daß die Strafbestimmung des §. 7 auch gelten müsse, „wenn die Uebergabe des Papiers nicht erfolgt ist, also ein Abzahlungsgeschäft im Sinne des §. 1 nicht vorliegt." Von der in Note 3 vertretenen Auffassung

aus, wonach dem Verkäufer aus dem ihm verbotenen Geschäft überhaupt keine Rechte erwachsen, mithin auch ihm ein etwa vorbehaltenes Rücktrittsrecht nicht zusteht, wird man aber sagen müssen, daß ein Kaufgeschäft über Papiere der im §. 7 bezeichneten Art, bei welchen Theilzahlungen verabredet sind, auch in dem Falle, wo die Uebergabe des Papiers beim Abschluß des Geschäfts erfolgt ist, nicht als ein Abzahlungsgeschäft im Sinne der §§. 1—6 des Gesetzes gelten kann. Jedenfalls sind die Vorschriften der genannten Paragraphen auf Verträge, die durch §. 7 getroffen werden, durchaus unanwendbar. Beim Verkauf von Inhaberpapieren aber, die nicht den im §. 7 bezeichneten Arten angehören, wird ein Abzahlungsgeschäft im Sinne der §§. 1—6 sehr wohl vorliegen können (vgl. Note 3 zu § 1). Darüber, daß die Bestimmungen des §. 7 keine Anwendung finden, wenn der Empfänger des Lotterieloofes, des Inhaberpapiers mit Prämie, oder der Bezugs- oder Antheilscheine auf solche Loose oder Inhaberpapiere als Kaufmann in das Handelsregister eingetragen ist, vgl. Note 1 zu §. 8.

§. 8.

Die Bestimmungen dieses Gesetzes finden keine Anwendung,[1]) wenn der Empfänger der Waare[2]) als Kaufmann in das Handelsregister eingetragen ist.[3])

[1]) Da das Gesetz im §. 8 zwischen den Bestimmungen der §§. 1—6 und der Strafbestimmung des §. 7 nicht unterscheidet, so wird auch die Strafbestimmung des §. 7 nicht Anwendung finden können, wenn der Empfänger des Papiers ein in das Handelsregister eingetragener Kaufmann ist. Wer also Papiere der im §. 7 bezeichneten Art an einen in das Handelsregister eingetragenen Kaufmann gegen Theilzahlungen veräußert, bleibt straflos, und das von ihm mit dem Kaufmann abgeschlossene Geschäft ist vollständig rechtsgültig. Die Motive zu §. 8 sagen:

„Die Einschränkungen, die der Entwurf in seinen vorhergehenden Bestimmungen trifft, sind nur auf denjenigen Theil des Publikums berechnet, der eines gesetzlicheu Schutzes gegen nachtheilige Vertragsabschlüsse bedarf. Mit Rücksicht hierauf und im Interesse der Verkehrsfreiheit im Großhandel rechtfertigt es sich, jene Bestimmungen keine Anwendung finden zu lassen auf Geschäfte, die ein in das Handelsregister eingetragener Kaufmann als Käufer oder in den Fällen des §. 6 in entsprechender Eigenschaft abschließt."

[2]) In der Mehrzahl der Fälle werden Abzahlungsgeschäfte, bei denen §§. 1—6 des Gesetzes Anwendung zu finden haben, weil bei ihnen der Empfänger der Waare kein in das Handelsregister eingetragener Kaufmann ist, im Uebrigen nach den Bestimmungen des vierten Buchs des Handelsgesetzbuchs als Handelsgeschäfte zu beurtheilen sein, da der Veräußerer der Waare in der Regel ein Kaufmann sein wird. (Art. 273, 274 und 277 des Handelsgesetzbuchs.)

[3]) Kaufmann ist nach Art. 4 des Handelsgesetzbuchs, wer gewerbemäßig Handelsgeschäfte betreibt. Das Gesetz vom 16. Mai 1894 hat aber die Nichtanwendbarkeit seiner Bestimmungen nicht davon abhängig gemacht, daß der Empfänger der Waare Kaufmanns-Eigenschaft hat, sondern davon, daß der Empfänger der Waare als Kaufmann in das Handelsregister eingetragen ist.

§. 9.

Verträge, welche vor dem Inkrafttreten dieses Gesetzes[1]) abgeschlossen worden sind, unterliegen den Vorschriften desselben nicht.

[1]) Das Gesetz vom 16. Mai 1894 ist mit dem 4. Juni 1894 in Gemäßheit des Art. 2 der Reichsverfassung in Kraft getreten, da die Nr. 23 des Reichs-Gesetzblattes, durch die es publicirt worden ist, am 21. Mai 1894 zu Berlin ausgegeben wurde. Die vor dem 4. Juni 1894 abgeschlossenen Abzahlungsgeschäfte im Sinne der §§. 1—6 des Gesetzes, sowie die vor diesem Termin gethätigten Verkäufe von Papieren der im §. 7 bezeichneten Art gegen Theilzahlung unterliegen also nicht seinen Vorschriften. Uebrigens hätte man dem Gesetz, ohne gegen Fundamentalsätze des geltenden Rechts (A.L.R.

Einl. §§. 14—17, Art. 2 des Code civil, L. 7 Cod. de legibus (I, 14) Bd. Art. 2, Abs. 1 des Strafgesetzbuchs) zu verstoßen, niemals rückwirkende Kraft beilegen können, auch wenn §. 9 dies nicht ausdrücklich verboten hätte.

Urkundlich unter Unserer Höchsteigenhändigen Unterschrift und beigedrucktem Kaiserlichen Insiegel.

Gegeben Prökelwitz, den 16. Mai 1894.

(L. S.) **Wilhelm.**

Graf von Caprivi.

Anhang I.

Gesetzentwurf vom 23. Dezember 1892. (Erster Entwurf.)	Fassung des Entwurfs nach den Beschlüssen der IX. Kommission.
§. 1.	§. 1.
Hat bei dem Verkauf einer dem Käufer übergebenen beweglichen Sache, deren Kaufpreis in Theilzahlungen berichtigt werden soll, der Verkäufer sich das Recht vorbehalten, wegen Nichterfüllung der dem Käufer obliegenden Verpflichtungen von dem Vertrage zurückzutreten, so ist im Falle dieses Rücktritts der Käufer *berechtigt*, gegen Rückgabe der empfangenen Sache die	Hat bei dem Verkauf einer dem Käufer übergebenen beweglichen Sache, deren . . . . im Falle dieses Rücktritts, **jeder Theil verpflichtet, dem andern Theil die empfangenen Leistungen**

Zurückgewährung der ihm geleisteten Theilzahlungen zu fordern. Eine entgegenstehende Vereinbarung ist nichtig.

Dem Vorbehalt des Rücktritts steht es gleich, wenn der Verkäufer, wegen Nichterfüllung der dem Käufer obliegenden Verpflichtungen kraft Gesetzes die Auflösung des Vertrages verlangen kann.

zurückzugewähren. Eine entgegenstehende . . . . nichtig.

Dem Vorbehalt . . . . kann.

§. 2.

Der Verkäufer kann im Falle des §. 1 außer dem Ersatz für solche Beschädigungen der Sache, welche durch einen vom Käufer zu vertretenden Umstand verursacht sind, nur eine angemessene Vergütung für die dem Käufer überlassene Nutzung der Sache verlangen. Eine entgegenstehende Vereinbarung, sowie die vor

§. 2.

Der Käufer hat im Falle des Rücktritts dem Verkäufer für die in Folge des Vertrages gemachten Aufwendungen, sowie für solche Beschädigungen der Sache Ersatz zu leisten, welche durch ein Verschulden des Käufers oder durch einen sonstigen, von ihm zu vertretenden, Umstand verursacht sind. Für die Ueberlassung des Gebrauchs **oder**

Ausübung des Rücktrittsrechts erfolgte vertragsmäßige Festsetzung der Höhe der Vergütung ist nichtig.

Auf die Festsetzung der Höhe der Vergütung finden die Vorschriften des §. 260 Abs. 1 der Civilprozeßordnung entsprechende Anwendung.

§. 3.

Eine wegen Nichterfüllung der dem Käufer obliegenden Verpflichtungen verwirkte Vertragsstrafe kann, wenn sie unverhältnißmäßig

der Benutzung der Sache ist deren Werth zu vergüten. Eine entgegenstehende Vereinbarung, **insbesondere** die vor Ausübung des Rücktrittsrechts erfolgte Festsetzung einer **höheren** Vergütung ist nichtig.

Auf die . . . . Anwendung.

§. 2a.

Die nach den Bestimmungen der §§. 1 und 2 Absatz 1 und 2 begründeten gegenseitigen Verpflichtungen sind Zug um Zug zu erfüllen.

§. 3.

Unverändert.

hoch ist, auf Antrag des Käufers durch Urtheil auf den angemessenen Betrag herabgesetzt werden. Die Herabsetzung einer entrichteten Strafe ist ausgeschlossen.

Die Abrede, daß die Nichterfüllung der dem Käufer obliegenden Verpflichtungen die Fälligkeit der Restschuld zur Folge haben solle, kann rechtsgültig nur für den Fall getroffen werden, daß der Käufer mit mindestens zwei aufeinander folgenden Theilzahlungen ganz oder theilweise im Verzuge ist und der Betrag mit dessen Zahlung er im Verzug ist, mindestens dem zehnten Theile des Kaufpreises gleichkommt.

§. 4.	§. 4.
Hat der Verkäufer auf Grund des ihm vorbehaltenen Eigenthums die verkaufte Sache wieder an sich genommen, so gilt dies als	Hat der Verkäufer . . . . so gilt dies als

Ausübung des Rücktrittsrechts im Sinne des §. 1.	Ausübung des Rücktrittsrechts.
§. 5.	§. 5.
Auf Geschäfte, welche darauf abzielen, die Zwecke eines Abzahlungsgeschäfts (§. 1) in einer anderen Rechtsform, insbesondere durch miethweise Ueberlassung der Sache zu erreichen, finden die Bestimmungen dieses Gesetzes entsprechende Anwendung, gleichviel, ob dem Empfänger der Sache ein Recht, später deren Eigenthum zu erwerben, eingeräumt ist oder nicht.	**Die Vorschriften der §§. 1—4 finden auf Verträge,** welche darauf . . . . zu erreichen, entsprechende Anwendung, gleichviel, ob . . . . oder nicht.
	§. 5a.
	Wer Lotterieloose, Inhaberpapiere mit Prämien (Gesetz vom 8. Juni 1871, R.G.Bl. 1871 S. 210) oder Bezugs- oder Antheilscheine auf solche Loose oder Inhaberpapiere gegen Theil-

	zahlungen verkauft oder durch sonstige auf die gleichen Zwecke abzielenden Verträge veräußert, wird mit Geldstrafe bis zu fünfhundert Mark bestraft.
	Es begründet keinen Unterschied, ob die Uebergabe des Papiers vor oder nach der Zahlung des Preises erfolgte.
§. 6.	§. 6.
Die Bestimmungen dieses Gesetzes finden keine Anwendung, wenn der Empfänger der S a ch e als Kaufmann in das Handelsregister eingetragen ist.	Die Bestimmungen . . . . wenn der Empfänger der **Waare** als Kaufmann in das Handelsregister eingetragen ist.
§. 7.	§. 7.
Verträge, welche vor dem Inkrafttreten dieses Gesetzes abgeschlossen worden sind, unterliegen den Vorschriften desselben nicht.	Unverändert.

Anhang II.

Formulare für Abzahlungsgeschäfte, wie sie vor dem Inkrafttreten des Gesetzes vom 16. Mai 1894 gebraucht wurden.*)

A. Bedingte Kauf-Verträge.

1.

Zwischen de ....
wohnhaft ....
als Verkäufer und de ....
wohnhaft .... als Käufer
ist heut nachstehender Vertrag verabredet und geschlossen worden:

§. 1. D .... verkauft hierdurch an
d .... nachstehend verzeichnete Gegenstände, nämlich:

---

*) Die Formulare sind dem Werk von W. Hausmann: Die Veräußerung beweglicher Sachen gegen Ratenzahlung. Berlin 1891, entnommen.

Laufende Nr.		Preis Mk.	Pf.
1.			
2.			
3.			

und zwar zu den dabei festgesetzten, zwischen beiden Theilen verabredeten Preisen, im Gesammtbetrage von .... Mark .... Pf.

§. 2. Käufer verpflichtet sich, dies Kaufgeld in der Art abzutragen, daß er (sie) heute .... Mark .... Pf., den Rest des Kaufgeldes aber in Raten von monatlich (wöchentlich) .... Mark .... Pf., vom ...... ten .... an gerechnet, an Verkäufer zahlt.

§. 3. Die Uebergabe der verkauften Sachen hat zwar Seitens de Verkäufer an de Käufer bereits stattgefunden, und erkennt Käufer an, solche in gutem und brauchbarem Zustande übergeben erhalten zu haben, das Eigenthum an den verkauften Sachen geht aber erst dann auf d Käufer über, wenn er (sie) den im §. 1 festgesetzten Kaufpreis für dieselben durch Leistung der im §. 2 festgesetzten Zahlungen pünktlich abgetragen hat. Bis dahin bleibt das Eigenthum der verkauften Sachen*) de

*) Hatte also der Käufer fünf Gegenstände gekauft und vielleicht schon Ratenzahlungen, die den Kaufpreis von vier verkauften Gegenständen deckten, bezahlt, blieb dann aber mit den späteren Zahlungen im Rückstand, so konnte der Verkäufer sämmtliche Sachen wieder an sich nehmen.

Verkäufer , und darf Käufer dieselben zwar ihrer Art nach in gemeingewöhnlichen Gebrauch nehmen, aber in keiner anderen Art darüber verfügen, dieselben auch ohne Genehmigung de Verkäufer nach keinem anderen Wohnorte mitnehmen. Einen etwaigen Wohnungswechsel muß Käufer de Verkäufer innerhalb acht Tagen anzeigen, de letzteren auch sofort davon Nachricht geben, wenn die Sachen etwa auf Antrag Dritter im Wege der Execution oder sonst mit Beschlag belegt werden.

§. 4. Leistet Käufer die im §. 2 festgesetzten Zahlungen nicht pünktlich oder nicht vollständig, oder erfüllt d selbe irgend eine der ih im §. 3 auferlegten Verpflichtungen nicht, so ist d Verkäufer berechtigt, nicht nur die von d Käufer bereits geleisteten Zahlungen zu behalten und als Entschädigung dafür zu verrechnen, daß de Käufer bis dahin der Besitz und Gebrauch der verkauften Sachen eingeräumt war, sondern es steht ih auch das Recht zu, die bis zum Tage der Rückgewähr der Sachen etwa noch rückständigen Zahlungen nachzufordern und in gleicher Weise als Entschädigung zu behalten.

§. 5. Käufer entsagt dem Einwande der Verletzung über die Hälfte, sowie allen sonstigen ih gegen diesen Vertrag etwa zustehenden Einwendungen.

§. 6. Dieser Vertrag, dessen Stempel und Kosten vom .... getragen werden, ist für jeden der beiden Contrahenten einmal ausgefertigt und sind beide Exemplare von denselben selbst gelesen, genehmigt und eigenhändig unterschrieben.

.........................., den 189

(Unterschrift de Verkäufer .) (Unterschrift de Käufer .)

2.

Ich bestätige hierdurch, folgende Gegenstände von der Handlung ....
zu dem beigefügten Werthe heute empfangen zu haben ....

1. .... Mark .... Pfg.
2. .... " .... "
3. .... " .... "

und verpflichte mich, außer der heut erfolgten Anzahlung von .... Mark .... Pfg. ....
wöchentlich .... monatlich ....
an die Handlung .... zu zahlen.
Die Handlung .... behält sich das alleinige Eigenthumsrecht an den vorbezeichneten Gegenständen bis zur vollständigen Bezahlung des gesammten Betrages der .... Mark .... Pfg. vor.

Falls auch nur eine Zahlung nicht geleistet wird, ist die Handlung .... berechtigt, sämmtliche Gegenstände sofort zurückzunehmen. Auf die bis dahin geleisteten Abzahlungen, welche als Aequivalent für den

Gebrauch und die Abnutzung der Handlung ....
verbleiben sollen, verzichte ich hiermit ausdrücklich.

Berlin, den ....ten ....

Name:

Wohnung:

B. Mieths-Verträge.

1. Leih-Contract.

Zwischen den Unterzeichneten ist heute nachstehender Vertrag abgeschlossen worden:

§. 1. Es vermiethet der Möbelhändler ....
wohnhaft ....
an d ....
wohnhaft ....
die in §. 6 näher bezeichneten Gegenstände, im Gesammtwerthe von .... Mark .... Pfg.

§. 2. Miether, welcher anerkennt, daß ihm sämmtliche Sachen neu und in gutem Zustande, sowie dem oben angegebenen Werthe angemessen, übergeben sind, verpflichtet sich, dieselben in gutem Zustande zurückzuliefern und für jeden Schaden, welcher während der Miethszeit an diesen entsteht, zu haften, auch die Transportkosten hin und zurück allein zu tragen. Geht durch die Schuld des Miethers das eine oder andere Stück der vermietheten Gegenstände dem Vermiether verloren, so erstattet Miether den vollen Werth eines solchen, wie im §. 7 angegeben ist. Werden durch Execution dem Miether die vermietheten Gegenstände abgepfändet, so verpflichtet er sich, dem Vermiether hiervon sofort Anzeige zu machen und alle durch einen nöthigenfalls anzustellenden Interventions-Prozeß entstehenden gerichtlichen und außergerichtlichen Kosten zu tragen, resp. zu erstatten. Nichtbefolgung dieser Vorschrift zieht die sofortige Auflösung des Vertrages in Gemäßheit des §. 3 nach sich.

§. 3. Miether verpflichtet sich, für den Miethsgebrauch heute .... Mark .... Pfg., sowie am 1. jedes Monats (wöchentlich) .... Mark .... Pf. praenumerando zu zahlen und räumt dem Vermiether das Recht ein, wenn die Miethe nicht pünktlich gezahlt worden ist, sämmtliche vermietheten Gegenstände sofort ohne vorhergegangene Kündigung und gerichtliche Klage zurückzunehmen. Zu diesem Behufe wird dem Vermiether vom Miether hiermit die Befugniß ausdrücklich zugestanden, zu jeder Tageszeit mit so vielen seiner Leute, als er zum Transport der Sachen bedarf, in der Wohnung des Miethers zu erscheinen und dort so lange aufhalten zu dürfen, als es die Uebernahme und Verladung der vermietheten Gegenstände erforderlich macht. Miether erklärt hiermit ausdrücklich, in diesem Verfahren des Vermiethers eine Verletzung seines Hausrechts oder irgend eine andere strafbare Handlung nicht erkennen zu wollen. Außerdem muß

Miether die etwa rückständige Miethe bis zu dem Tage der Zurücknahme der Gegenstände sofort bezahlen.

§. 4. Sämmtliche Sachen sind mit den eingebrannten oder aufgestempelten Worten .... bezeichnet, und darf Miether, bei Strafe des Betrugs, keines dieser Stücke veräußern, verpfänden oder ohne schriftliche Einwilligung des Vermiethers aus seiner Wohnung entfernen; er hat überhaupt jeden Wohnungswechsel 8 Tage vorher dem Vermiether anzuzeigen und dessen Genehmigung einzuholen. Auch darf Miether ohne Genehmigung des Vermiethers die ihm vermietheten Gegenstände nicht länger als einen Monat an eine andere Person vermiethen.

§. 5. Die Dauer dieses Leih-Contractes ist auf so lange Zeit verabredet worden, bis die nach §. 1 wirklich geleisteten Miethszahlungen zusammen den Werthbetrag von .... Mark .... Pfg. erreicht haben. Wenn nun diese Miethszahlungen regelmäßig und vollständig erfolgt sind, **verpflichtet sich der Vermiether, die bis dahin vermietheten Gegenstände dem Miether auch käuflich zu überlassen und die gezahlte Miethe mit*) als Kaufgeld anzurechnen.**

§. 6. Beide Theile erkennen ausdrücklich an, daß dieser Contract in allen Punkten so abgeschlossen ist, wie beabsichtigt und verabredet worden, und haben demnach die Contrahenten zum Zeichen der vollsten

*) Das Wort „mit“ ist hier sehr bezeichnend.

Genehmigung ihn durch eigenhändige Unterschrift vollzogen.

Berlin, den .... ten 18

Vermiether:
Miether gelesen:

§. 7. Werth der Stücke.

				Mark	Pf.
	1				
	2				
	3				
	4				

2. Mieths-Vertrag.

Zwischen dem Nähmaschinenfabrikanten ....
und dem ....
wohnhaft, ist heute nachstehender Vertrag geschlossen worden.

§. 1. Es vermiethet der Nähmaschinen-Fabrikant .... an d......................................
eine .... im Werthe von ....

§. 2. Miether verpflichtet sich, für die miethsweise Benutzung der gedachten Nähmaschine heute für den ersten Monat .... Mark, sowie am ....ten jeden folgenden Monats .... Mark praenumerando zu zahlen. Sollte Miether mit einer der Miethszahlungen im Rückstande verbleiben, so ist Vermiether berechtigt, die qu. Maschine sofort, ohne weitere Kündigung zurückzunehmen. Zu diesem Behufe wird dem Vermiether vom Miether hiermit ausdrücklich die Befugniß zugestanden, zu jeder Tageszeit mit so viel Leuten, als er zum Transport der Maschine bedarf, in der Wohnung des Miethers zu erscheinen und dort so lange sich aufhalten zu dürfen, als es die Uebernahme der Maschine erforderlich macht. Auch muß Miether die etwa rückständige Miethe bis zu dem Tage der Zurücknahme der Maschine sofort bezahlen.

§. 3. Miether, welcher anerkennt, daß ihm die Maschine neu und in brauchbarem Zustande, sowie dem oben angegebenen Werthe angemessen übergeben ist, verpflichtet sich, dieselbe *in gutem Zustande zurückzuliefern* und für jeden Schaden, welcher während der Miethszeit an derselben entsteht, zu haften, auch die Transportkosten, hin und zurück, zu tragen. Wird durch Execution dem Miether die Maschine abgepfändet, so ist er verpflichtet, dem Vermiether hiervon sofort Anzeige zu machen und alle durch einen etwa anzustellenden *Interventionsprozeß* entstehenden gerichtlichen und außergerichtlichen Kosten zu tragen, resp. zu erstatten. Die Nichtbefolgung dieser Bestimmung hat zur Folge, daß der Vermiether berechtigt ist, die Maschine sofort zurückzunehmen. Sollte dieselbe alsdann nicht mehr

6*

vorhanden sein, so ist Miether verpflichtet, den Werth derselben, wie er im §. 1 angegeben ist, nach Abrechnung der bereits geleisteten Miethszahlungen, dem Vermiether zu erstatten. Letzteres geschieht auch für den Fall, daß die Maschine dem Miether auf irgend eine Art verloren geht.

§. 4. Miether darf bei Vermeidung der gesetzlichen Strafen die vorerwähnte Maschine nicht veräußern, verpfänden oder ohne schriftliche Einwilligung des Vermiethers aus seiner Wohnung entfernen. Auch hat er jeden Wohnungswechsel acht Tage vorher dem Vermiether anzuzeigen, widrigenfalls Vermiether berechtigt ist, die Maschine sofort zurückzunehmen.

§. 5. Sobald die im §. 2 bestimmten Miethszahlungen den Betrag von .... Mark erreicht haben, verbleibt die Maschine dem Miether als sein Eigenthum.

Berlin, den ten 189

Vermiether:
Miether gelesen:

---

3. Mieths-Vertrag.

Eigenthum des Vereins Berliner Möbelhändler.

Zwischen den Unterzeichneten ist heute nachstehender Mieths-Vertrag verabredet und abgeschlossen worden:

§. 1. Es vermiethet d Möbelhändler .... wohnhaft zu Berlin ....

an d..
wohnhaft zu ....
die nachstehend aufgeführten Gegenstände im Werthe der daneben ausgeworfenen Summen:

	Mark	Pf.

§. 2. Miether erkennt an, daß ihm die vermietheten Gegenstände in gutem Zustande übergeben sind und daß sie den im §. 1 angegebenen Werth haben, verpflichtet sich, für jeden zufälligen Schaden, welchen die Sachen während der Dauer des Vertrages erleiden, zu haften und aufzukommen, und übernimmt die Kosten des Hin- und Rücktransportes und den Stempel für beide Vertragsexemplare, hat auch die Verwendung und Cassirung der Stempelmarken zu betreiben und haftet für den aus der Unterlassung dem Vermiether entstehenden Schaden.

§. 3. Miether verpflichtet sich, als Miethszins für den Zeitraum von heute ab bis zum ......ten .... 189 ... heute im Voraus die Summe von ....
.... Mark,
ferner am .... Mark
und demnächst am ......ten Tage jedes folgenden Quartals Monats Woche .... Mark

im Geschäftslokale des Vermiethers während der Geschäftsstunden zwischen 8 Uhr Morgens und 8 Uhr Abends zu zahlen.

§. 4. Die Dauer dieses Miethsverhältnisses ist auf so lange festgesetzt, bis die thatsächlich geleisteten Miethszahlungen den Gesammtwerth der im §. 1 ausgeworfenen Werthssummen erreicht haben. Ist dieser Fall eingetreten, so hat der Miether das Recht erlangt, die bis dahin nur gemietheten Sachen als sein Eigenthum zu behalten, so daß dann dieser Vertrag in einen, den §§. 258 und 259 Theil I. Tit. 11 des Allg. Landrechts entsprechenden Kaufvertrag übergeht.

Bevor die Miethszahlungen die aus §. 1 ersichtliche Gesammtsumme erreicht haben, kann Miether auch nicht einmal an einzelnen Miethssachen Eigenthum erwerben;*) er würde sich daher durch Verpfändung oder Veräußerung derselben strafbar machen.

§. 5. Miether verpflichtet sich, von einem etwaigen Wohnungswechsel dem Vermiether sofort Anzeige zu machen und in dem Falle, wenn Miethssachen gepfändet oder einbehalten werden, oder sonst abhanden kommen, hiervon den Vermiether sofort zu benachrichtigen und ihn durch Beschaffung des erforderlichen Materials in den Stand zu setzen, mit Erfolg interveniren zu können. Jeden aus der Unterlassung oder aus der

*) Diese Bestimmung hat freilich für einen verschuldeten Miether auch den Vortheil, daß ihm andre Gläubiger die Möbel nicht entziehen können, bevor die letzte Miethszahlung entrichtet ist.

Verzögerung dieser Anzeigen entstehenden Schaden, Kostenaufwand und Verlust hat der Miether zu tragen und zu ersetzen, welcher überhaupt alle zur Beseitigung von Pfändungen und Retentionsansprüchen und zur Wiederherbeischaffung der Miethssachen aufgewendeten gerichtlichen und außergerichtlichen Kosten zu tragen und zu erstatten hat. Außerdem verpflichtet sich Miether, die geliehenen Möbel sofort nach Empfang gegen Feuersgefahr zu versichern, resp. haftet Miether bei Nichtbefolgung, bei etwaigem Feuerschaden für den vorstehend angegebenen Werth. Dem Vermiether steht das Recht zu, die als Miethszins angenommenen Zahlungen des Miethers auch noch nachträglich zunächst auf solche Schäden und Kosten zu verrechnen.

Sind die Miethssachen in den Besitz eines Dritten gelangt, so ist der Vermiether berechtigt und legitimirt, allein ohne Mitwirkung des Miethers die Herausgabe zu verlangen.

§. 6. Wird eine Miethsrate nicht pünktlich, d. h. spätestens am .... Tage nach der Fälligkeit voll gezahlt, so ist der Vermiether berechtigt, sämmtliche Miethssachen ohne Kündigung zurückzunehmen, unbeschadet seines Rechtes, die Nachzahlung des rückständigen Miethszinses zu verlangen. Dem Vermiether ist gestattet, zum Zwecke der Fortnahme der Sachen mit dem erforderlichen Hilfspersonal die Wohnung des Miethers zu betreten und sich darin aufzuhalten.

Ist Miether aus irgend welchen Gründen nicht mehr in der Lage, die einzelnen Miethssachen zurückgeben zu können, so hat er für jeden fehlenden Gegenstand ohne Rücksicht auf ein Verschulden die im §. 1 dafür ausgeworfene Werthssumme zu ersetzen.

Eine Rückforderung und Rückzahlung der geleisteten Miethsraten findet in keinem Falle statt.

Die auf Grund des §. 3 heute gezahlte Summe darf vom Miether auf rückständige Miethsraten nicht verrechnet werden.

§. 7. Für alle aus diesem Vertrage und Vertragsverhältnisse sich ergebenden Rechtsstreitigkeiten, insbesondere für alle Klagen auf Zahlung des Miethszinses und auf Rückgabe der Miethssachen wird ohne Rücksicht auf die Höhe und den Werth des Streitgegenstandes das Königl. Amtsgericht I in Berlin als zuständiges Gericht vereinbart und als solches von beiden Theilen anerkannt.

Berlin, den ....ten 189

Vermiether:

Als Zeuge: Miether:

Die Quittungen werden, ohne daß es besonders bemerkt wird, bei nicht pünktlichen Zahlungen stets mit Vorbehalt der Rechte ausgestellt und ist auf Grund vorstehenden Kontraktes an Miethe bezahlt worden:

Datum		Für die Zeit	In Buchstaben	Mark	Pf.	Unterschrift.

4. Leih-Vertrag.

Zwischen der Handlung ....
als Vermiether und dem Herrn ....
als Miether wird heute nachstehender Vertrag geschlossen:

Es vermiethet die Handlung ....
an den Herrn ....,
wohnhaft .... die umstehend bezeichneten Gegenstände im Gesammtwerthe von Mark ...., in Worten: ....

Miether erkennt an, daß ihm sämmtliche umstehende Gegenstände in gutem Zustande übergeben worden sind, und verpflichtet sich, falls durch Zwangsvollstreckung die umstehend bezeichneten Gegenstände gepfändet werden, dem Vermiether sofort davon Anzeige zu machen, auch die Kosten des etwaigen Interventionsprozesses zu tragen.

Miether verpflichtet sich, für den Miethsgebrauch heute .... Mark .... Pf. sowie am .... ten jeden folgenden Monats .... Mark .... Pf. praenumerando zu zahlen. Vermiether haben das Recht, bei nicht pünktlicher Zahlung die Gegenstände sofort zurückzunehmen. Zu diesem Zwecke wird den Vermiethern ....
hiermit ausdrücklich die Erlaubniß ertheilt, zu jeder Tageszeit mit so vielen ihrer Leute, als zum Transport der Sachen nothwendig sind, in die Wohnung des Miethers einzutreten und dort so lange zu verweilen,

als es die Rücknahme und Verladung der gemietheten Gegenstände erfordert.

Ohne ausdrückliche Erlaubniß der Vermiether dürfen die vermietheten Gegenstände nicht weiter veräußert oder auch nur aus der Wohnung des Miethers entfernt werden.

Die Dauer dieses Kontraktes ist auf so lange verabredet, bis die Miethszahlungen den Betrag von .... Mark .... Pf. erreicht haben.

Wenn die Miethszahlungen bis zu dieser Höhe vollständig geleistet sind, verpflichten sich die Vermiether, die vermietheten Gegenstände dem Miether zum Eigenthum zu überlassen und die gezahlte Miethe als Kaufgeld zu rechnen.

Beide Theile haben diesen Kontrakt gelesen, genehmigt und eigenhändig unterschrieben.

Berlin, den .... ten 189

Vermiether:

Miether:

Sachregister.

(Die römischen Zahlen bezeichnen die Paragraphen des Gesetzes, die arabischen die Noten.)

Druck von C. H. Schulze & Co. in Gräfenhainichen.

FSC
www.fsc.org
MIX
Papier | Fördert gute Waldnutzung
FSC® C083411

Kolibri 360 GmbH
Ferdinand-Jühlke-Straße 7
99095 Erfurt, Deutschland
produktsicherheit@kolibri360.de